Jérôme Gautié

Le chômage

La Découverte
9 *bis*, rue Abel-Hovelacque
75013 Paris

Onze éditions de l'ouvrage de Jacques Freyssinet *Le Chômage* sont parues dans la collection « Repères » de 1984 à 2004 (nº 22). Le présent volume lui succède dans une version complètement refondue et mise à jour.

Remerciements. Je remercie Jean-Claude Barbier, Christine Erhel, Rodolphe Greggio, Marc Gurgand, Sophie Harnay, Sylvie Laurent, Bruno Marcel ainsi qu'un rapporteur anonyme pour leurs remarques. Je reste entièrement responsable des erreurs et insuffisances de ce texte.

Je remercie aussi tout particulièrement Jacques Freyssinet, pour la confiance dont il a fait preuve en me confiant sa succession oh ! combien difficile, tant il avait su allier exhaustivité, clarté et rigueur dans l'ouvrage qui, pendant plus de vingt ans, est resté la synthèse de référence sur le thème du chômage.

ISBN : 978-2-7071-5728-7

À Jacques Freyssinet

Introduction

Lorsque Paul Lazarsfeld et ses collègues [1932]* ont mené une des premières enquêtes sociologiques auprès de chômeurs dans une ville autrichienne durement touchée par la crise des années 1930, ils en sont revenus ébranlés par les ravages qu'ils avaient pu constater. Au-delà de la seule misère financière, l'expérience de chômage avait entraîné pour de nombreux individus un délitement des liens sociaux, une altération du rapport au temps, un repli sur soi marqué par une profonde apathie troublée parfois par des accès de violence — au total, une atteinte profonde à la vie sociale et psychologique des personnes.

On peut penser que la situation des années 1930 était extrême. De nombreux travaux ont néanmoins confirmé par la suite le traumatisme social et psychologique que constitue l'épreuve du chômage dans le monde moderne. Les effets délétères de l'érosion du statut social, du délitement de la sociabilité, de la perte du sentiment d'être utile sont renforcés par la stigmatisation d'une société qui à la fois victimise et culpabilise [Demazière, 1995 ; Herman, 2007]. Les enquêtes permettant de mesurer le bien-être psychologique montrent que celui-ci est fortement et durablement marqué par l'expérience de chômage [Clark *et al.*, 2008]. Mais c'est aussi l'intégrité physique qui peut être atteinte : ici encore, les études montrent que l'épreuve du chômage peut entraîner une dégradation de la santé, comme en atteste la surmortalité des chômeurs [Mesrine, 2000].

---

* Les références entre crochets renvoient à la bibliographie en fin d'ouvrage.

Au-delà des personnes qu'il frappe, le chômage entraîne un coût important pour la société. Un coût financier direct d'abord, qui pourrait être évalué par la richesse qui aurait pu être produite par les personnes inemployées, à laquelle s'ajoute le montant de l'indemnisation de cette situation de non-emploi. Un coût économique et social ensuite, plus diffus et difficilement mesurable, mais tout aussi réel, qui résulte des effets induits sur la santé, mais aussi en termes de délinquance — et notamment chez les jeunes [Fougère, Kramarz et Pouget, 2008].

Ces méfaits semblent bien connus et ne rendent que plus pressante la question suivante : comment se fait-il que, alors qu'elles continuaient à s'enrichir, des sociétés aient pu laisser s'installer durablement un chômage de masse au cours des trente dernières années ? Selon une enquête de l'IFOP en 2006, soit avant la crise de 2008, qui s'est traduite par une forte augmentation du chômage, près des deux tiers des salariés français interrogés déclaraient que « le risque qu'ils se retrouvent un jour au chômage » était « important » ou « très important ». Le chômage s'est établi de façon persistante dans notre réalité sociale, au point de susciter une angoisse diffuse.

Pour dépasser l'émotion légitime de ce que l'on peut nommer, à juste titre, un scandale [Freyssinet, 2004], il convient de mobiliser les travaux des économistes. Quels sont les contours et la nature du chômage ? Quelles en sont les causes ? Comment se fait-il que certains pays soient beaucoup plus touchés que d'autres ? Quelle part de responsabilité ont les institutions du marché du travail, accusées souvent d'être trop « rigides » ? Quelles solutions peuvent être mises en œuvre ?

Précisons d'emblée que nous n'aborderons ici que l'expérience des pays industrialisés développés — principalement les États-Unis, l'Europe occidentale, le Japon. En effet, pour que la catégorie même de chômage ait un sens, il faut que certaines conditions soient réunies. Le chômage est avant tout l'envers du salariat : sa reconnaissance institutionnelle et statistique repose sur l'existence d'une relation de travail fondée sur un lien de subordination légal entre un salarié et un employeur, relation qui peut être nouée, maintenue dans la durée, et rompue. La notion de chômage est une catégorie peu opératoire dans des sociétés où la place du travail indépendant ou celle du travail informel sont importantes. C'est au tournant du XIXe et du XXe siècle en Europe occidentale, au moment où, avec l'industrialisation, s'institutionnalisait la relation salariale, que le chômage a été « inventé » comme catégorie administrative et statistique — destinée indissociablement à représenter et agir sur une réalité nouvelle [Salais, Baverez et Reynaud, 1986 ; Topalov, 1994].

Aujourd'hui encore, même dans les pays industrialisés, le chômage n'est pas simple à appréhender et des polémiques sur sa mesure surgissent périodiquement. Comme nous le verrons dans le premier chapitre, les « chiffres du chômage » — au-delà du seul taux de chômage — laissent entrevoir une réalité complexe, inégalitaire, qu'il faut éclairer en étudiant les transitions des personnes sur le marché du travail, et non pas simplement en comptabilisant les individus selon leur statut (en emploi, au chômage ou inactifs).

Une fois la réalité du phénomène décryptée, nous nous tournerons vers les tentatives d'explication. Au-delà de la grave crise entamée en 2008, nous adopterons ici une perspective comparative de long terme. Reconnaissons-le d'entrée : même si les recherches et les études économiques se sont multipliées depuis une trentaine d'années, et même si les progrès de notre connaissance sont réels, beaucoup d'économistes partagent l'opinion exprimée par Olivier Blanchard, un des meilleurs spécialistes de la question : « Après vingt-cinq ans de recherche sur la question, nous sommes convaincus que le dogmatisme n'est pas de mise. Le problème du chômage n'est pas réductible à une seule dimension [...] » [Blanchard, 2004, p. 4]. Le chômage est un phénomène complexe, résultant d'une multiplicité de facteurs, dont l'interaction peut, de plus, varier dans le temps et d'un pays à l'autre. L'objectif des chapitres II et III est d'éclairer le jeu de ces différents facteurs — en s'intéressant tout d'abord à la macroéconomie générale du chômage, puis au rôle spécifique des institutions.

Pour finir, le chapitre IV étudiera les politiques de l'emploi. Il n'y a pratiquement aucune intervention publique dans le domaine économique (mais aussi social) qui n'ait pas d'effet potentiel, direct ou indirect, sur le chômage. Nous nous en tiendrons ici à l'étude des politiques qui agissent directement sur le marché du travail, de façon ciblée ou plus transversale.

I / Contours et caractéristiques du chômage

Les « chiffres du chômage » sont souvent au cœur du débat public : leur publication périodique est toujours médiatisée et leur évolution signe l'échec ou la réussite des politiques. Bien comprendre ce que recouvrent le chômage et la façon dont on le mesure est donc un enjeu essentiel, auquel nous consacrerons la première section. Outre le niveau global du chômage, il est nécessaire d'analyser sa composition et son incidence, selon les caractéristiques individuelles des chômeurs. Au-delà d'une approche en termes de stocks (nombre de chômeurs, taux de chômage), saisir la nature du chômage exige aussi une approche en termes de flux, qui se focalise sur les entrées et les sorties du chômage. Ces analyses permettent de dégager plusieurs types de chômage et de s'interroger sur les conséquences financières pour les personnes qui en font l'expérience.

Les « chiffres » du chômage

Le chômage au sens du BIT

Les critères. — La plupart des pays se réfèrent aux critères établis par le Bureau international du travail (BIT) pour définir une personne au chômage. Ces derniers renvoient à trois conditions : être sans travail, être disponible pour travailler et rechercher effectivement un travail. Ces critères nécessitent cependant une explicitation pour permettre de recenser les chômeurs. Ainsi, les pays de l'Union européenne se sont mis d'accord sur une interprétation commune de ces critères [Chardon et Goux,

2003]. Celle-ci définit le chômage relativement à une semaine de référence et spécifie de façon précise les conditions pour être considéré comme chômeur :

— il faut tout d'abord ne pas avoir travaillé ne serait-ce qu'une heure pendant la semaine de référence. On a donc ici une conception très restrictive du chômage — et, symétriquement, très extensive de l'emploi ;

— il faut ensuite être disponible pour travailler dans un délai de deux semaines. Ce critère exclut donc les personnes qui, dans ce laps de temps, par exemple, ne peuvent pas résoudre un problème de santé ou un problème de garde d'enfant qui les tient éloignées du marché du travail ;

— il faut enfin avoir entrepris des démarches spécifiques de recherche d'emploi au cours des quatre semaines précédant la semaine de référence.

Mais la notion de « démarche spécifique » de recherche d'emploi doit être elle-même précisée. Depuis 2000, une liste précise de démarches a été explicitée et mise à jour par l'institut européen de statistique (Eurostat). Le critère de recherche d'emploi a été durci : contrairement à ce qui était admis jusque-là, être simplement inscrit (ou renouveler son inscription) auprès du Service public de l'emploi ne suffit plus pour être considéré comme recherchant activement un emploi. Il faut noter que la France a continué à se référer à l'ancien critère de recherche d'emploi (plus extensif) jusqu'à la fin 2007. L'adoption à cette date du nouveau critère pour s'aligner sur Eurostat a entraîné une baisse du taux de chômage officiel de l'ordre de 0,7 point de pourcentage [Durieux et Du Mesnil du Buisson, 2007].

Cet exemple montre que la définition du BIT est sujette à une certaine marge d'interprétation, qui fait que les taux de chômage peuvent être calculés différemment d'un pays à l'autre. L'harmonisation des définitions et mesures est relativement avancée au niveau européen (*via* l'action d'Eurostat). À un niveau plus global, l'Organisation pour la coopération et le développement économiques (OCDE) publie elle-même des données « harmonisées » de chômage à partir des données nationales de ses pays membres — qui peuvent différer (légèrement, en règle générale) aussi bien de ces données nationales que, pour les pays européens, des données Eurostat.

La mesure. — L'estimation du nombre de chômeurs « au sens du BIT » repose sur l'exploitation d'enquêtes périodiques auprès d'un échantillon représentatif des ménages dont disposent la plupart des pays. En France, l'Institut national de la statistique et des études économiques (Insee) utilise l'enquête Emploi, qui est la version française des enquêtes sur la force de travail (*Labour Force Surveys*) harmonisées au niveau européen. Celle-ci est depuis 2003 menée tout au long de l'année et permet d'avoir des estimations trimestrielles du chômage [Goux, 2003].

Les personnes interrogées doivent répondre à un questionnaire précis permettant notamment de déterminer, en fonction des critères du BIT explicités plus haut, si elles doivent être classées parmi les chômeurs, les actifs occupés ou les inactifs. Les personnes déclarant n'avoir pas travaillé au cours de la semaine de référence et rechercher un emploi sont ainsi interrogées sur leurs démarches de recherche : lecture d'annonces dans les journaux, recours au Service public de l'emploi — en l'occurrence l'Agence nationale pour l'emploi (ANPE) jusqu'à fin 2008, « Pôle Emploi » depuis 2009 —, recherche par le biais de relations personnelles, etc.

Les demandeurs d'emploi inscrits auprès des services publics de l'emploi

Outre le chômage « au sens du BIT », on peut aussi plus directement appréhender le chômage en comptabilisant simplement les personnes qui s'inscrivent auprès du Service public de l'emploi. En France, l'ANPE tient le registre mensuel des « demandeurs d'emploi en fin de mois » (DEFM). Ces derniers sont classés en huit catégories (voir encadré 1). Les DEFM constituent donc une catégorie administrative, c'est-à-dire qui repose sur un critère institutionnel et juridique (inscription auprès d'un organisme) et non pas sur des critères renvoyant à une définition préalable — et en l'occurrence standardisée à un niveau international dans le cas de celle du BIT.

Le recensement administratif des demandeurs d'emploi peut prendre des formes relativement différentes selon les pays. Ainsi, dans certains d'entre eux comme les États-Unis et le Royaume-Uni, c'est l'inscription auprès du système d'indemnisation du chômage qui sert de critère : ne sont alors comptabilisés de fait que les chômeurs qui ont droit à une indemnisation. Si un tel critère était appliqué en France, le nombre de demandeurs d'emploi en serait fortement réduit : au milieu des années 2000, environ 40 % des DEFM potentiellement indemnisables (*i. e.* hors catégories 4 et 5) ne reçoivent pas d'allocation chômage (voir plus bas).

En outre, dans un pays donné, les règles administratives et juridiques d'inscription comme demandeur d'emploi peuvent varier au cours du temps, ou être appliquées de façon plus ou moins stricte. Ainsi, les campagnes périodiques de contrôle renforcé de la disponibilité et de l'effectivité de la recherche d'emploi débouchent généralement sur une augmentation des radiations qui peut avoir un impact non négligeable sur le nombre de demandeurs d'emploi recensés.

L'écart entre le nombre de chômeurs « au sens du BIT » (établi à partir des données d'enquête) et le nombre de demandeurs d'emploi enregistrés (données administratives) peut être important — dans un sens ou dans l'autre, aucune des deux catégories n'incluant l'autre. Ainsi, en 2000, en proportion du nombre de chômeurs BIT, ce dernier était supérieur d'environ 40 % au nombre de demandeurs d'emploi inscrits en Espagne, mais inférieur de près de 20 % en Suède et 25 % en Allemagne [Durieux et Du Mesnil du Buisson, 2007]. On peut en effet être chômeur au sens du BIT sans être DEFM — si on n'est pas inscrit à l'ANPE. Et, symétriquement, on peut être DEFM sans être considéré comme chômeur au sens du BIT. C'est le cas par exemple si la personne n'a pas accompli de démarche « spécifique » au sens défini plus haut, ou encore plus directement si elle a exercé une activité réduite (voir encadré 1).

L'avantage de l'estimation des chômeurs inscrits est qu'elle est disponible chaque mois — alors que le nombre de chômeurs « au sens du BIT » n'est connu qu'avec la même périodicité que l'enquête qui permet de le calculer (généralement l'année ou le trimestre). En France, jusqu'en 2007, l'Insee s'est fondé sur l'évolution du nombre mensuel des DEFM pour faire des estimations infra-annuelles du chômage « au sens du BIT », entre deux vagues de l'enquête Emploi à périodicité annuelle (mars de chaque année) jusqu'en 2002, ou trimestrielle depuis 2003. Cependant, la divergence entre les deux mesures a entraîné une polémique importante autour des « vrais chiffres du chômage » au début 2007 (en pleine période de campagne présidentielle), et a amené l'Insee à abandonner cette méthode (voir encadré 1).

Encadré 1. Demandeurs d'emploi en fin de mois, chômeurs au sens du BIT et polémiques autour des « vrais chiffres » du chômage

En France, depuis 1995, l'ANPE répartit les demandeurs d'emploi en fin de mois (DEFM) en huit catégories différentes, selon trois critères : 1) la durée d'une activité éventuelle — dite « réduite » — au cours du mois ; 2) le type de contrat de travail et de durée de travail souhaités ; 3) la disponibilité.

Les demandeurs d'emploi disponibles et tenus de rechercher activement un emploi se répartissent en six catégories (voir tableau 1).

Tableau 1. **Les catégories de demandeurs d'emploi en fin de mois (DEFM)**

Type de contrat/ durée du travail souhaités	Activité réduite de moins de 78 heures au cours du mois	Activité réduite de plus de 78 heures au cours du mois
Contrat à durée indéterminée à temps plein	Catégorie 1	Catégorie 6
Contrat à durée indéterminée à temps partiel	Catégorie 2	Catégorie 7
Contrat à durée déterminée, mission d'intérim	Catégorie 3	Catégorie 8

Deux autres catégories regroupent les personnes qui ne sont pas immédiatement disponibles et, par conséquent, non tenues d'accomplir des « actes positifs de recherche d'emploi » :

— la catégorie 4 concerne les personnes sans emploi non disponibles en raison d'une formation, d'un stage, d'une maladie… ;

— la catégorie 5 concerne les personnes en emploi qui recherchent un autre emploi.

Il faut enfin ajouter à ces huit catégories les demandeurs d'emploi dispensés de recherche d'emploi (DRE). Ces derniers sont des travailleurs de plus de 55 ans qui peuvent percevoir une indemnité chômage jusqu'à la retraite mais sans avoir à rechercher activement un emploi.

On peut noter que les demandeurs classés dans les catégories 4 à 8, ainsi que les DRE ne sont pas considérés comme chômeurs au sens du BIT (du fait de l'exercice d'une activité ou du manque de disponibilité ou de recherche active). Mais pour autant, un certain nombre de DEFM des catégories 1 à 3 ne le sont pas non plus : c'est le cas de tous ceux qui ont exercé une activité d'au moins une heure hebdomadaire — demandeurs d'emploi en « activité réduite », généralement des « petits boulots » en CDD ou intérim. Leur nombre a doublé entre 1996 et 2006, pour atteindre un tiers des DEFM depuis cette date, contre environ 10 % au début des années 1990 [ACDC, 2007a ; Debauche, Deroyon et Jugnot, 2008].

Pour autant, même si on retire ces derniers, l'écart peut rester important entre le nombre de chômeurs BIT et le nombre DEFM catégories 1, 2 et 3 hors activité réduite. Ainsi, fin 2006, le premier dépassait le second de près de 400 000 personnes — pour environ

2,6 millions de chômeurs BIT recensés par l'enquête Emploi.

Les statistiques du *nombre de chômeurs* publiées mensuellement par l'ANPE et reprises par la presse recouvrent le plus souvent les DEFM de catégorie 1, qui sont considérés comme constituant le cœur du chômage, les autres catégories regroupant des personnes dont le lien au marché du travail est moins fort. Il faut souligner cependant que cette catégorie ne recouvre qu'une fraction des personnes inscrites à l'ANPE (y compris les DRE), soit moins de 50 % fin 2006, en constante diminution depuis le début des années 1980 [ACDC, 2006].

Parallèlement à la publication de l'évolution du nombre de DEFM par l'ANPE, l'Insee publiait aussi une estimation mensuelle du *taux de chômage au sens du BIT* entre deux vagues de l'enquête Emploi, qui seule peut donner une estimation exacte de ce dernier. Elle se « calait » — selon le terme technique — sur l'évolution du nombre de DEFM des catégories 1 à 3 hors activité réduite (HAR), qui constituent l'agrégat le plus proche du nombre de chômeurs « au sens du BIT » — en faisant l'hypothèse que les deux agrégats évoluaient de façon parallèle. Lorsque paraissaient les nouveaux résultats de l'enquête Emploi, l'Insee était amené à réviser, généralement à la marge, le dernier taux de chômage annoncé, en fonction du décalage constaté entre l'évolution du nombre de DEFM et celle du nombre des chômeurs BIT, tel que mesuré par l'enquête Emploi. Or, en janvier 2007, pour la première fois en vingt ans, l'Insee annonçait qu'il reportait la publication du taux de chômage officiel au sens du BIT obtenu à partir de l'enquête Emploi. La suspicion de manipulation pour cause d'élection présidentielle s'est alors répandue ; de fait, les chiffres non publiés par l'Insee montraient une stabilité du taux de chômage entre 2005 et 2006, contredisant la baisse significative annoncée par le gouvernement, fondée, elle, sur le nombre des DEFM. Que s'est-il passé ? Le rapport remis au gouvernement fin 2007 pour mettre un terme à la polémique met en avant deux séries de facteurs [Durieux et Du Mesnil du Buisson, 2007]. D'une part, conformément au motif avancé par l'Insee pour reporter la publication des chiffres, semblent s'être posés des problèmes techniques de fiabilité des résultats de l'enquête Emploi, liés au changement de méthode opéré en 2003 (passage d'une enquête annuelle à une enquête « en continu ») [Goux, 2003]. Le taux de chômage BIT aurait été ainsi surestimé. Mais, d'autre part, le taux de chômage « calé » sur le nombre des DEFM 1, 2, 3 (HAR) — qui seul a continué à être publié jusqu'à la fin 2007 — a sans doute sous-estimé le véritable taux de chômage BIT. En effet, un ensemble de facteurs d'ordre administratif (radiations plus nombreuses, moindre taux d'inscription de chômeurs du fait du raccourcissement de la période d'indemnisation...) ont entraîné une baisse du nombre d'inscrits en DEFM 1, 2, 3 (HAR). Face à ces constats, le rapport préconise l'amélioration de la qualité de l'enquête Emploi, la simplification et la clarification des catégories de DEFM de l'ANPE, et, de façon plus générale, « une plus grande transparence sur le sens et la portée des données publiées » (sur les problèmes de mesure, voir aussi CNIS [2008]). Depuis 2007, la méthode du « calage » a été abandonnée.

Chômage, emploi, inactivité

Une partition de l'ensemble de la population en âge de travailler en trois catégories. — La définition officielle du chômage (« au sens du BIT ») délimite en même temps les deux catégories complémentaires à celle des chômeurs : d'une part, celle des actifs occupés (ou « en emploi »), qui recouvre l'ensemble des personnes qui travaillent ; d'autre part, celle des inactifs, composée par les personnes qui ne recherchent pas d'emploi ou qui ne sont pas disponibles pour en occuper un. L'ensemble formé des chômeurs et des actifs occupés constitue la population active — un chômeur étant donc considéré, selon cette définition, comme « actif » — et donne une mesure de l'« offre » sur le marché du travail (c'est-à-dire du nombre de personnes « offrant » leur travail). Au total, l'ensemble de la population se répartit entre ces trois catégories : une personne est soit au chômage, soit en emploi, soit en inactivité.

Peuvent alors être définis les taux de chômage, d'emploi et d'activité, qui, sauf mention contraire, sont généralement calculés pour la population dite « en âge de travailler » — la tranche 15-64 ans étant le plus souvent retenue dans les comparaisons internationales :

— le *taux de chômage* est défini comme le ratio :
[*nombre de chômeurs/nombre d'actifs (i. e. actifs occupés + chômeurs)*] ;
— le *taux d'emploi* est défini comme le ratio :
[*nombre d'actifs occupés/population en âge de travailler*] ;
— le *taux d'activité* est défini comme le ratio :
[*nombre d'actifs/population en âge de travailler*].

Les interdépendances dynamiques. — Une certaine porosité entre les catégories « chômeur » et « inactif » apparaît lorsque l'on s'intéresse à la dynamique de l'emploi et du chômage au cours du temps. En effet, quand la conjoncture s'améliore et que le chômage diminue, des personnes qui jusque-là ne recherchaient pas (ou pas activement) un emploi — et qui donc n'étaient pas classées comme chômeurs — entrent sur le marché du travail. C'est l'effet d'*appel*, qui se traduit par l'entrée de *travailleurs additionnels* sur le marché du travail. Symétriquement, quand la conjoncture se dégrade et le chômage augmente, un certain nombre de personnes sortent du marché du travail et deviennent « inactives » — certaines rejoignant le groupe des chômeurs découragés (voir plus bas). La population active fluctue donc en fonction de la conjoncture : c'est le phénomène de « flexion conjoncturelle du taux d'activité ». La mesure de son ampleur est délicate : selon les estimations françaises, une baisse du nombre de chômeurs de 100 entraînerait une augmentation du nombre d'actifs comprise entre environ 25 et 40 à court-moyen terme [Nauze-Fichet, 2002]. Ce sont plus particulièrement les taux d'activité des jeunes et des femmes qui sont sensibles à la conjoncture.

Il en résulte mécaniquement que, lorsque le nombre d'emplois augmente d'un certain montant, le nombre de chômeurs diminue d'un montant moindre — et inversement quand le nombre d'emplois baisse. Cependant, indépendamment de l'effet d'appel, un autre facteur peut expliquer l'éventuelle divergence entre le nombre d'emplois créés et la baisse du nombre de chômeurs : une éventuelle augmentation de la multi-activité — celle-ci désignant le cumul par une même personne d'activités comptabilisées comme emplois dans des entreprises différentes. Celle-ci semble cependant jouer un rôle limité.

Le « halo » du chômage

La réalité de la situation des personnes est cependant plus complexe que ne le suggère la séparation nette entre « chômeur », « actif occupé » et « inactif ». Dès les années 1980, la notion du « halo » du chômage est apparue [Cézard, 1986] pour désigner les situations des personnes qui n'étaient pas comptabilisées comme chômeur au sens des critères du BIT alors que, de fait, leur situation s'apparentait à celle du chômage. Plus généralement existent aux frontières des trois catégories (chômage, emploi, inactivité) des zones « floues », où il peut y avoir un écart entre la classification officielle (et donc statistique) d'une situation et sa réalité et/ou la perception que l'on peut en avoir (le schéma 1 en donne quelques illustrations). Le « halo » du chômage au sens large résulte ainsi de la multiplication de statuts à la frontière (mais de l'autre côté) du chômage officiellement recensé. Certaines de ces situations font l'objet d'une attention plus particulière.

Schéma 1. **Les frontières floues entre emploi, chômage, inactivité**

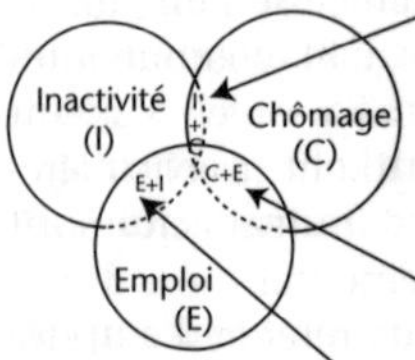

Entre chômage et inactivité
Chômeur découragé (absence de recherche active) (I)
Autre personne sans emploi désirant travailler (absence de disponibilité) (I)
Demandeur d'emploi en stage de formation (I)
Préretraité à la suite d'un plan de réduction d'effectif (I)
Demandeur d'emploi dispensé de recherche d'emploi (DRE) (I)
Personne en dispositif d'invalidité apte au travail (I)
Chômeur faisant de fausses déclarations sur sa disponibilité ou recherche effective d'emploi (C)

Entre chômage et emploi
Travailleur à temps partiel involontaire (E)
Travailleur en chômage partiel (E)
Demandeur d'emploi en emploi aidé (E)
Travailleur au noir recensé comme chômeur (C)

Entre emploi et inactivité
Travailleur à temps partiel volontaire (E)
Bénévole dans une association (I)

Entre parenthèses, le statut officiel : (E) = en emploi ; (C) = chômeur ; (I) = inactif.
En *italique* : catégories faisant l'objet d'une recension systématique par l'Insee dans le « halo » du chômage (dans les catégories « personnes inactives désirant travailler » et « sous-emploi »).

Source : à partir de Freyssinet [2004].

Personnes inactives désirant travailler. — À la frontière du chômage et de l'inactivité, l'Insee recense les personnes sans emploi et souhaitant travailler qui ne sont pas considérées comme chômeurs mais comme inactives au sens du BIT, car ne satisfaisant pas au moins un des deux autres critères (recherche active et disponibilité dans les deux semaines suivant l'enquête). Cette catégorie regroupait en 2007 environ 770 000 personnes en France, un montant équivalent à près de 37 % du nombre des chômeurs officiels (2,1 millions de « chômeurs BIT »). Parmi elles, les *chômeurs (ou travailleurs) découragés* désignent les personnes qui ont abandonné une recherche active d'emploi faute d'espoir de pouvoir en trouver un. L'appellation « chômeur » (tout comme « travailleur ») est trompeuse : ils sont officiellement comptabilisés comme inactifs selon les critères du BIT. Ils ne constituent qu'une minorité des personnes sans emploi désirant travailler (seulement 6,5 % du total), et ce sont surtout des travailleurs de plus de 50 ans qui considèrent leur âge comme un obstacle majeur au retour à l'emploi. Les jeunes femmes — souvent avec des enfants en bas âge — sont, elles, surreprésentées parmi les personnes non disponibles dans les deux semaines, qui constituent la majorité des personnes inactives désirant travailler [Thélot, 2008].

Le sous-emploi. — À la frontière du chômage et de l'emploi, le *sous-emploi* regroupe, selon la définition du BIT, « toutes les personnes pourvues d'un emploi salarié ou non, qu'elles soient au travail ou absentes du travail, et qui travaillent involontairement moins que la durée normale du travail dans leur activité, et qui sont à la recherche d'un travail supplémentaire ou disponibles pour un tel travail durant la période de référence ». Cette définition recouvre donc les personnes à temps partiel involontaire (ou encore « subi ») ou ayant involontairement travaillé moins qu'habituellement (du fait notamment d'un *chômage partiel* ou technique, du fait d'une baisse d'activité de leur entreprise, les personnes restant alors juridiquement employées par cette dernière). Le sous-emploi concernait en 2007 environ 5,5 % des actifs occupés en France, dans leur immense majorité (5,2 %) en temps partiel subi. Plus des trois quarts des personnes en sous-emploi étaient des femmes [Thélot, 2008].

En ajoutant pour les différents pays au chômage officiel les travailleurs en sous-emploi et les travailleurs découragés, l'OCDE obtient un « taux de sous-utilisation de la main-d'œuvre », dont la valeur est nettement supérieure à celle du taux de chômage dans certains pays. Ainsi, le taux de sous-utilisation de la main-d'œuvre était au milieu des années 2000 de l'ordre de 20 % supérieur au taux de chômage officiel en France, en Allemagne et au Royaume-Uni, de l'ordre de 35 % au Danemark et aux États-Unis, d'environ 45 % en Suède et 70 % en Italie, et de près de 100 % au Japon — ces deux derniers pays se caractérisant par un nombre important de chômeurs découragés.

Le « chômage déguisé ». — La notion de « chômage déguisé », qui apparaît souvent dans le débat public, n'a pas de définition officielle. Elle est généralement utilisée pour désigner les personnes officiellement classées comme en emploi ou comme inactives, mais dont la situation réelle s'apparente au chômage. Elle est souvent réservée aux demandeurs d'emploi qui bénéficient d'un dispositif public et qui disparaissent ainsi des chiffres du chômage (soupçon d'un simple « traitement statistique » du chômage), comme par exemple les bénéficiaires d'un emploi

« aidé » ou d'un stage de formation (voir chapitre IV). Dans certains pays, les dispositifs d'invalidité, qui regroupent des personnes déclarées comme inaptes au travail et par là comptabilisées pour la plupart comme inactives, abritent de fait un grand nombre de chômeurs « déguisés ». Ainsi, au Royaume-Uni, le nombre des bénéficiaires d'un *incapacity benefit* a été multiplié par quatre en vingt-cinq ans pour atteindre, début 2006, un montant équivalent à 7,4 % du nombre des actifs — soit un nombre nettement supérieur à celui des chômeurs officiellement recensés (5,3 %). Une enquête révélait que 80 % d'entre eux désiraient reprendre un travail. Les « invalides » sont beaucoup moins nombreux en France, mais les préretraités et, de façon croissante depuis le début des années 2000, les dispensés de recherche d'emploi (de l'ordre de 6 % de la classe d'âge des 55-64 ans en 2005) le sont beaucoup plus. Ces dispositifs constituent en France des « équivalents fonctionnels » des dispositifs d'invalidité dans d'autres pays.

Des critères objectifs aux situations perçues. — Le halo du chômage permet de comprendre pourquoi il peut y avoir une différence importante entre l'approche « construite » du statisticien et l'approche « spontanée » des personnes, qui renvoie à la façon dont celles-ci perçoivent leur situation [Gonzales-Demichel et Nauze-Fichet, 2003]. La divergence entre les deux était apparue dès les premières enquêtes statistiques essayant de recenser les « chômeurs » — soit bien avant l'adoption de la définition du BIT. Ainsi, en France, la question sur la situation de chômage apparaît pour la première fois dans le recensement de 1896. Mais elle n'est posée qu'aux salariés, le chômage étant défini comme résultant de la rupture du lien entre le travailleur et l'établissement dont il dépend. Cependant, à l'époque, beaucoup de travailleurs à domicile sans ouvrage se déclarent spontanément chômeurs, même s'ils ne sont pas considérés comme tels par le statisticien [Salais, Baverez et Reynaud, 1986]. Jusqu'en 2002, les personnes interrogées dans le cadre de l'enquête Emploi devaient se classer spontanément entre chômeurs, inactifs ou en emploi, avant de répondre aux questions précises permettant de vérifier si leur situation correspondait aux critères du BIT. L'écart entre le nombre de personnes se déclarant spontanément comme chômeurs dans l'enquête Emploi et le nombre de chômeurs recalculé par l'Insee en fonction des critères du BIT n'a fait que croître depuis les années 1980, pour atteindre près de 600 000 en 2002.

Au total, les développements précédents illustrent bien le caractère toujours conventionnel — et qui peut donc sembler « arbitraire » — d'une catégorie statistique. Ceci renvoie à des enjeux d'une part de définition, d'autre part de mesure. Une catégorie statistique est toujours le fruit d'une construction reposant sur des critères définis en fonction d'objectifs indissociables de connaissance et d'action. De ce point de vue, il faut bien comprendre que la logique sous-jacente à la définition du BIT est avant tout économique : l'objectif est de déterminer les ressources en main-d'œuvre immédiatement disponibles pour contribuer à l'emploi et, par là, à la création de richesse. Une fois les critères définis, des problèmes de mesure peuvent surgir car il existe une certaine marge dans leur interprétation et leur mise en œuvre dans des protocoles d'enquête — ce qui peut donner lieu à des manipulations et à des polémiques autour des « vrais chiffres du chômage » (voir encadré 1).

Niveau et incidence du chômage

Le taux de chômage global et son évolution depuis trente ans

Même s'ils ont eu tendance à se réduire de façon significative depuis le début des années 2000, les écarts de taux de chômage entre pays industrialisés restent relativement importants (voir tableau 2). Il faut noter que, contrairement à une idée assez largement répandue, certains pays européens (comme le Danemark, mais on pourrait citer aussi les Pays-Bas, l'Irlande ou l'Autriche) ont un taux de chômage égal ou inférieur à celui des États-Unis.

La France se caractérise par un taux de chômage relativement élevé par rapport aux pays comparables. Le graphique 1 retrace son évolution depuis le début des années 1970. Suite aux premier (1973) et deuxième (1979) chocs pétroliers, le taux de chômage a augmenté continûment de 1975 à 1985 et a plus que triplé, passant d'environ 3 % à plus de 9 %. Après une certaine décrue entre 1987 et 1991, il est reparti à la hausse avec la crise du début des années 1990. Il fluctue alors entre 10 et 11 %, avant

Tableau 2. **Taux de chômage dans certains pays de l'OCDE, 2007** (en %)

All.	Can.	Dk	Esp.	E.-U.	Fr.	It.	Jap.	P.-B.	R.-U.	Suè.
8,8	6,1	3,6	8,3	4,7	8,1	6,2	4,1	3.7	5,3	6,2

Source : OCDE [2008, annexes, tableau B].

Estimations pour l'Allemagne et la France. Calculés pour la population âgée de 15 à 64 ans, sauf pour l'Espagne, les États-Unis, le Royaume-Uni et la Suède (16-64 ans).

de connaître une nette décrue entre 1997 et 2001. Le ralentissement économique pousse de nouveau le taux de chômage à la hausse jusqu'en 2005, avant qu'il ne baisse à nouveau de façon significative à partir de 2006, pour atteindre un taux de 7,5 % début 2008. Ce taux reste plus de deux fois plus élevé que celui du début des années 1970. Cependant, la tendance globale a été plutôt à la baisse du chômage depuis la seconde moitié des années 1990, jusqu'à la crise de 2008.

Graphique 1. **Taux de chômage en France au sens du BIT depuis 1975**

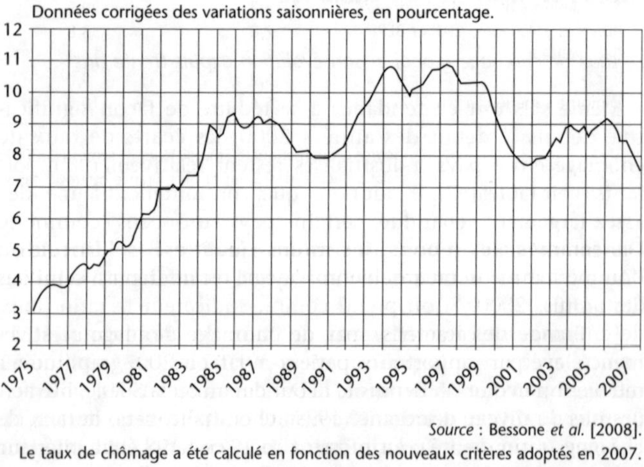

Source : Bessone *et al.* [2008].

Le taux de chômage a été calculé en fonction des nouveaux critères adoptés en 2007.

Un chômage inégalement réparti

Le chômage ne touche pas toutes les catégories sociodémographiques de façon égale (voir tableau 3). Le *chômage relatif* d'une catégorie est mesuré par le rapport entre le taux de chômage de cette catégorie et celui de l'ensemble de la population active, ou d'une autre catégorie.

Tableau 3. **Incidence et composition du chômage en France, 2007** (en %)

	Taux de chômage	Part dans le chômage
Ensemble	8,0	100
Genre		
Hommes	7,4	49,4
Femmes	8,5	50,6
Âge		
15-24 ans	19,3	22,8
25-49 ans	7,3	60,5
50 ans et plus	5,4	16,7
Niveau de diplôme		
Sans diplôme ou certif. et primaire	13,2	29,9
Brevet des collèges, CAP et BEP	7,8	33,8
Baccalauréat	7,1	16,4
Bac + 2	5,2	9,0
Diplôme supérieur à bac + 2	5,6	10,8

Source : Insee, enquête Emploi 1er et 4e semestres 2007, population active de 15 ans et plus, France métropolitaine.

Les femmes, les jeunes, les moins qualifiés. — L'inégalité homme/femme demeure, bien qu'ayant reculé depuis le milieu des années 2000. Si on prend comme indicateur le ratio [taux de chômage des femmes/taux de chômage des hommes], la France, avec un ratio peu supérieur à 1,1 en 2007, se situe au même niveau que l'Allemagne, le Danemark ou la Suède, bien en dessous du niveau d'inégalité constaté en Italie (ratio de 1,6) ou Espagne (ratio de 1,7). La même année, ce ratio était inférieur à 1 dans certains pays comme les États-Unis, le Japon et le Royaume-Uni : dans ces pays, les hommes sont donc (légèrement) plus touchés par le chômage que les femmes.

Si l'effet du genre est différent selon les pays, l'âge est en revanche partout un critère discriminant. Les jeunes sont particulièrement touchés en France — avec un taux de chômage de près de 20 % en 2007 (voir tableau 3). Cependant, deux remarques doivent être faites. D'une part, le chiffre ne signifie pas qu'un jeune sur cinq (ou 4, selon les années) mais qu'un jeune *actif* sur 5 (ou 4) est au chômage. La nuance est importante : beaucoup de jeunes sont en cours d'études, donc hors de la population active. Si l'on tient compte de leur faible taux d'activité (de l'ordre de 39 % en 2007), c'est moins de 8 % de l'ensemble des 15-24 ans qui sont au chômage. D'autre part — et ceci va aussi à l'encontre des discours alarmistes souvent entendus —, la situation relative des jeunes n'est pas pire en France que dans la plupart des pays de l'OCDE comparables. Si l'on prend comme indicateur le ratio [taux de chômage des 15-24 ans/taux de chômage des 25-54 ans], celui-ci est de l'ordre de 2,9 en France en 2007, à un niveau comparable à celui des États-Unis (2,8), du Danemark et des Pays-Bas (2,7), et à un niveau nettement inférieur à celui constaté par exemple en Italie (3,8), au Royaume-Uni (3,9) ou en Suède (4,3). L'Allemagne et le Japon et, dans une moindre mesure, l'Espagne s'en sortent mieux, avec des ratios respectivement de 1,6, 2,1 et 2,5 en 2007.

À l'inverse, les actifs âgés ont tendance à être moins touchés en France par le chômage que les actifs d'âge intermédiaire, et *a fortiori* que les jeunes. C'était aussi le cas en 2007, dans des pays aussi divers que l'Espagne, les États-Unis, l'Italie, le Japon, le Royaume-Uni ou la Suède. Il faut noter que, dans de nombreux pays, les actifs âgés privés d'emploi peuvent bénéficier d'un ensemble de dispositifs — pour certains déjà évoqués, tels que les préretraites, les allocations d'invalidité, les dispenses de recherche d'emploi — qui les excluent du chômage au sens du BIT. L'Allemagne, le Danemark et les Pays-Bas se distinguent en revanche par un taux de chômage des seniors plus élevé de 50 à 60 % à celui des âges intermédiaires.

Le niveau de diplôme est aussi une variable relativement discriminante : les actifs sans diplôme autre que le certificat d'études ont un taux de chômage plus de deux fois supérieur à ceux qui ont un diplôme niveau bac + 2 ou plus.

Il est intéressant de noter que les bac + 2 ont un taux de chômage inférieur à celui des bac + 3 ou plus. Ceci illustre le fait que la nature du diplôme importe — et pas seulement son niveau. Les bac + 2 sont pour beaucoup titulaires de diplômes professionnalisant (BTS et DUT) alors que, parmi les bac + 3 ou plus, on trouve de nombreux titulaires de diplômes universitaires généraux, pas forcément toujours très « vendables » sur le marché du travail.

Le taux de chômage est aussi fortement corrélé à la profession-catégorie socioprofessionnelle (PCS) : par exemple en 2005, celui des ouvriers non qualifiés était deux fois et demie plus élevé que celui des cadres.

Le rôle important de l'origine nationale. — Le tableau 4 indique les taux de chômage selon l'origine nationale dans quelques pays industrialisés.

Tableau 4. **Taux de chômage des immigrés et des autochtones, 2005**
(en %)

	Nés à l'étranger (1)	Nés dans le pays (2)	Ratio (1)/(2)
Danemark	9,8	4,5	2,2
Suède	14,9	7,9	1,9
France	14,7	8,6	1,7
Royaume-Uni	7,3	4,3	1,7
Allemagne	17,0	10,4	1,6
Italie	9,5	7,4	1,3
Espagne	11,3	9,1	1,2
États-Unis	5,1	5,8	0,9

Source : Observatoire des inégalités (2008), à partir de données de l'OCDE.

Les difficultés d'insertion des immigrés sur le marché du travail sont particulièrement importantes dans les pays nordiques comme la Suède et le Danemark — pays qui par ailleurs ont de très bonnes performances en termes de faible chômage global et faible niveau d'inégalités. C'est seulement aux États-Unis que le taux de chômage des immigrés est comparable (et même inférieur) à celui des autochtones : on peut y voir en partie le signe de la capacité du marché du travail américain (très flexible) à absorber l'afflux important d'immigrés, notamment peu qualifiés (voir chapitre II) — même s'il faut noter qu'une partie des immigrés sont hautement qualifiés.

La surreprésentation des immigrés au sein des chômeurs dans les pays européens pourrait traduire avant tout un effet de structure lié à la qualification — les immigrés ont en moyenne un niveau de diplôme inférieur à celui des autochtones. Cependant, à tous les niveaux de diplôme (classés en trois grands niveaux : inférieur, intermédiaire et supérieur), le ratio [taux de chômage des immigrés/taux de chômage des autochtones] tend à être nettement supérieur à 1 dans les pays européens apparaissant dans le tableau 4, et il tend même à croître avec le niveau de diplôme. De multiples facteurs peuvent jouer ici, comme les barrières linguistiques ou la non-reconnaissance de diplômes étrangers, mais aussi la discrimination à l'embauche (voir plus bas).

Entrer et sortir du chômage

L'analyse du chômage s'est longtemps focalisée avant tout — voire exclusivement — sur le nombre de chômeurs et le taux de chômage (au niveau global, ou par catégorie sociodémographique), c'est-à-dire sur des indicateurs de niveau ou encore de *stock*. Depuis les années 1980 cependant, l'intérêt pour les flux sur le marché du travail n'a cessé de croître [Cahuc et Zylberberg, 2004]. Une approche plus dynamique du marché du travail permet en effet de mieux en saisir les modalités de fonctionnement, et notamment de mieux cerner la nature du chômage.

Une relative stabilité du nombre d'emplois et de chômeurs au niveau national peut en fait cacher une intense activité de création et destruction d'emplois. Dans un pays comme la France, au milieu des années 2000, le taux de créations brutes d'emplois au cours de l'année [nombre d'emplois créés/nombre d'emplois en fin d'année] comme le taux de destructions brutes d'emplois [nombre d'emplois détruits/nombre d'emplois en début d'année] sont en moyenne de l'ordre de 7 à 8 % — alors que les créations (ou destructions) nettes sont de l'ordre de 0 à 1,5 % selon les années [Barlet *et al.*, 2007]. Les taux de créations et destructions brutes sont environ deux fois plus élevés aux États-Unis.

Les flux de main-d'œuvre (mesurés par le nombre d'entrées et de sorties de l'emploi en cours d'année) sont nettement plus importants que les flux d'emplois — un même emploi pouvant voir se succéder plusieurs personnes : une étude sur les données françaises de la fin des années 1980 a montré que, au niveau des entreprises, pour une création d'emploi on a en moyenne trois embauches et deux départs, et que, symétriquement, pour une destruction d'emploi, on a en moyenne trois départs et deux embauches [Abowd, Corbel et Kramarz, 1999].

Les entrées au chômage

La vulnérabilité au chômage. — La probabilité de perdre son emploi et de tomber au chômage sur une période donnée définit la *vulnérabilité* au chômage. Elle peut être mesurée par le taux de transition de l'emploi au chômage, soit le pourcentage de personnes employées en t qui sont au chômage en t + 1. Le tableau 5 donne des estimations de taux de transition entre deux années.

Tableau 5. **Situations individuelles en 2004 et 2005 dans le secteur privé en France**
(en %)

	En emploi dans la même entreprise	En emploi dans une autre entreprise	Au chômage	En inactivité
Ensemble	81,5	10,4	4,8	3,2
Selon le contrat de travail				
CDI	89,1	6,1	2,5	2,3
CDD	38,3	33,0	20,5	8,1
Intérim	0,5	73,9	19,7	5,8
Selon l'âge				
15-29 ans	68,5	19,7	7,7	4,1
30-49 ans	85,0	8,8	4,1	2,1
Plus de 50 ans	87,7	3,5	3,3	5,5

Lecture : sur 100 salariés du secteur privé en 2004, l'année suivante, 81,5 étaient en emploi dans la même entreprise et 10,4 dans une autre entreprise (secteur public ou privé), 4,8 étaient au chômage et 3,2 en inactivité.

Source : Barlet *et al.* [2007], à partir de données de l'enquête Emploi.

La vulnérabilité au chômage est particulièrement importante pour les salariés en contrats temporaires (CDD et intérim) :

environ 20 % se retrouvent au chômage l'année suivante. Elle varie aussi selon l'âge : elle est notamment nettement supérieure pour les jeunes, qui connaissent aussi une mobilité interentreprises plus importante que les travailleurs des autres tranches d'âge.

Les inscriptions à l'ANPE. — Les flux d'entrée au chômage peuvent être aussi appréhendés par la recension des inscriptions des demandeurs d'emploi. En 2007, par exemple, l'ANPE avait procédé à plus de 6,2 millions d'inscriptions (pour 70 % d'entre elles en catégorie 1). L'importance de ce chiffre découle du fait que de nombreuses personnes s'inscrivent plusieurs fois au cours de l'année. La *récurrence du chômage* est mesurée par l'ANPE par la proportion des demandeurs d'emploi ayant été inscrits au moins une autre fois au cours des douze derniers mois : elle atteint près de 50 % en 2007 [Poujouly et Klein, 2008].

Les renseignements fournis par les demandeurs d'emploi lors de leur inscription permettent de mieux cerner les motifs d'entrée au chômage (voir tableau 6).

Tableau 6. **Les motifs d'inscription à l'ANPE en 2007**
(en %)

	1er semestre	2e semestre
Licenciements	18	15
(dont licenciement pour motif économique)	(4)	(3)
Fin de CDD	23	29
Fin de mission d'intérim	9	9
Première entrée	6	8
Reprise d'activité	7,5	6
Démissions	5	5
Autres et motifs non connus	31,5	28
Total	100	100

Source : ANPE.

Les licenciements représentent seulement environ un sixième des motifs connus d'inscription, alors que les fins de contrats temporaires en représentent 30 à 40 %. Certains chômeurs enchaînent au cours de l'année plusieurs contrats temporaires entrecoupés de périodes de chômage. Ceci est l'un des facteurs de la récurrence du chômage. La reprise d'activité (notamment après un retrait pour s'occuper de ses enfants, ou du fait du découragement — voir plus haut) a concerné en 2007 une part presque équivalente à celle des inscriptions pour cause de première entrée. Ces dernières concernent surtout les jeunes sortant du système de formation — et elles sont, de façon logique, plus importantes au second semestre, qui suit la fin de l'année scolaire et universitaire.

Les sorties du chômage

L'étude des transitions à partir de l'enquête Emploi permet de mener une analyse assez précise des reprises d'emploi (voir tableau 7).

Tableau 7. **Sorties du chômage vers l'emploi en France entre 2004 et 2005**
(en %)

Ensemble	29,2
Dont :	
Vers l'emploi non salarié	7,5
Vers l'emploi salarié, secteur public :	9,2
Vers l'emploi salarié, secteur privé :	
— en CDI	36,8
— en CDD	25,6
— en intérim	13,8
— en emploi aidé	7,1
(Total)	(100)
Selon l'âge	
15-29 ans	39,4
30-49 ans	31,2
Plus de 50 ans	10,9

Champ : ensemble des salariés.
Lecture : 29,2 % des personnes au chômage en 2004 avaient retrouvé un emploi l'année suivante. Sur 100 reprises d'emploi, 36,8 s'étaient faites sur un CDI.

Source : Barlet *et al.* [2007], à partir de données de l'enquête Emploi, du 1er au 4e trimestre 2005 (utilisation des questions rétrospectives).

Moins d'un tiers de chômeurs en 2004 avaient retrouvé un emploi en 2005 — la conjoncture étant particulièrement morose cette année-là. Plus de la moitié des sorties s'étaient faites vers des emplois salariés temporaires ou vers l'emploi non salarié. Il faut souligner que les taux de sortie vers l'emploi diminuent avec l'âge, comme les taux de d'entrée (voir plus haut, tableau 5).

L'employabilité

Les facteurs individuels. — La probabilité de sortir du chômage vers l'emploi sur une période donnée mesure le degré d'*employabilité*. Celle-ci dépend tout d'abord des caractéristiques individuelles. Le terme « caractéristique » est pris ici en un sens très large. Il renvoie aux attributs des personnes (l'âge, le genre, le diplôme), mais aussi à leur situation économique et financière (le fait de ne pas percevoir d'indemnités de chômage peut obliger à prendre le premier emploi qui se présente et peut accroître par là l'« employabilité ») ou encore à leur situation sociale (le réseau de relations — le « capital social » — jouant un rôle particulièrement important dans la recherche et l'obtention d'un emploi, comme l'a montré dès le début des années 1970 le sociologue américain Granovetter [1974]). La trajectoire antérieure joue aussi un rôle très important ; « toutes choses égales par ailleurs », l'employabilité dépend notamment de l'expérience professionnelle et de la nature de celle-ci : certains emplois permettent d'acquérir des compétences valorisables sur le marché du travail, alors que d'autres au contraire peuvent être « déqualifiants » (tâches très simples et répétitives qui ne permettent pas à la personne de mobiliser ses éventuelles compétences).

Soulignons que l'on ne peut analyser l'effet des caractéristiques individuelles sur l'employabilité indépendamment de la façon dont celles-ci sont perçues par les employeurs. Si ces derniers sélectionnent à l'embauche en fonction de caractéristiques, notamment sociodémographiques (âge, genre, origine...), qui ne sont pas corrélées à la compétence, il y a *discrimination* (c'est-à-dire traitement inégal de personnes égales quant à leur compétence). Celle-ci peut simplement découler d'opinions racistes, misogynes, etc. Il s'agit alors d'une *discrimination pure*. Mais elle peut aussi découler d'une erreur d'appréciation liée à une information imparfaite. Supposons que, toutes les autres caractéristiques observables égales par ailleurs, les individus ayant la caractéristique X sont *en moyenne* objectivement plus compétents que les individus ayant la caractéristique Y. En l'absence d'information supplémentaire, il peut être rationnel du point de vue de l'employeur de privilégier systématiquement les candidats X aux candidats Y. Mais la moyenne peut s'accompagner d'une variance importante : beaucoup de X (mais pas la majorité) peuvent être moins compétents que beaucoup de Y. En recrutant systématiquement les X au détriment des Y, l'employeur sera donc amené parfois, sans le savoir, à sélectionner, entre deux candidats, le moins compétent. Ce processus de sélection relève de ce que l'on nomme la *discrimination statistique* — c'est-à-dire une discrimination qui découle non pas d'un préjugé, mais d'un manque d'information sur les personnes, qui amène à leur attribuer la compétence moyenne du groupe auquel elles appartiennent.

Quelle soit pure ou statistique, la discrimination à l'embauche joue un rôle non négligeable. Ceci est particulièrement vrai pour l'origine nationale ou « ethnique », comme l'ont mis en évidence les expériences de *testing* (consistant par exemple à envoyer des CV identiques qui ne diffèrent que par l'origine du candidat). Ainsi, en France, une expérience sous l'égide du BIT conduite en 2006 sur un échantillon de jeunes peu qualifiés dans six grandes villes a montré que, dans près de quatre cas sur cinq, les employeurs avaient privilégié, à compétence égale, le candidat d'origine hexagonale par rapport aux candidats d'origine maghrébine ou noire africaine [Cediey, Foroni et Garnier, 2008].

Notons qu'en France, de façon plus générale — et plus que dans d'autres pays, comme le Royaume-Uni par exemple —, la sélection à partir des caractéristiques individuelles semble particulièrement forte. Ceci est notamment repérable dans les annonces d'emploi dans la presse, qui spécifient souvent par exemple l'âge, d'ailleurs au mépris de la loi, mais aussi d'autres critères (et plus particulièrement l'expérience professionnelle) (sur les modes de recrutement, voir Eymard-Duvernay et Marchal [1997], Marchal et Rieucau [2005]).

Les facteurs contextuels. — L'employabilité, au sens général où nous l'avons définie ici, dépend bien évidemment du contexte économique. Ainsi, en période de ralentissement économique et d'augmentation du chômage, l'employabilité moyenne des chômeurs diminue. Mais, en même temps, les disparités ont tendance à s'accroître, car les employeurs peuvent se montrer plus exigeants à l'embauche face à l'augmentation du nombre de candidats. La sélectivité du marché du travail dépend donc aussi de la conjoncture : facteurs individuels et facteurs contextuels de l'employabilité s'imbriquent de façon étroite.

Ceci apparaît aussi dans les *disparités spatiales* d'employabilité, mesurées par les différences de taux de sortie du chômage selon les communes de résidence. Une partie de ces disparités découlent d'un effet de composition : les populations diffèrent selon un ensemble de caractéristiques (âge, genre, qualification, origine nationale...) qui peuvent en elles-mêmes jouer sur le degré d'employabilité. Indépendamment de cet effet de composition, les caractéristiques propres au lieu de résidence jouent sur l'employabilité selon deux effets. Le premier renvoie au problème de distance à l'emploi : la probabilité individuelle d'accéder à l'emploi est d'autant plus faible que l'on habite loin des zones d'emploi, que l'on a difficilement accès aux transports publics, que l'on est peu motorisé. Mais, une fois pris en compte ces facteurs, un effet propre au lieu de résidence demeure, qui renvoie plus directement à l'environnement social : toutes choses égales par ailleurs (c'est-à-dire à âge, sexe, qualification, distance aux zones d'emploi, accès aux transports public, etc. donnés), la probabilité de sortie du chômage vers l'emploi est d'autant plus faible que l'on habite un quartier « défavorisé » en termes de composition sociale (mesurée notamment par la part de la population d'origine immigrée et la part des personnes faiblement qualifiées). L'effet propre du quartier « défavorisé » peut lui-même résulter de plusieurs facteurs, comme l'absence de réseaux sociaux dont on a indiqué l'importance pour accéder à l'emploi, ou la « stigmatisation » auprès des employeurs. Celle-ci peut découler de l'influence néfaste — réelle ou supposée — du « quartier » sur la motivation et la fiabilité de ses habitants. Il semble que cet effet de composition/ségrégation sociale l'emporte sur l'effet « distance à l'emploi », dans de nombreuses communes de la banlieue parisienne notamment, où le taux de sortie du chômage est particulièrement faible (pour une analyse détaillée de l'ensemble de ces facteurs, voir Duguet, L'Horty et Sari [2008]).

La durée du chômage

Le chômage de longue durée. — Plus le taux de sortie moyen sur une période donnée est faible, plus la durée moyenne de chômage est longue. Mais une moyenne globale peut cacher de très fortes disparités par catégories. Le *chômage de longue durée* correspond à une ancienneté au chômage supérieure à un an (six mois dans certains pays). On prend parfois le critère de deux ans pour désigner le chômage de *très* longue durée. De façon logique, étant donné les taux de sorties constatés plus haut (voir tableau 7), le chômage de longue durée frappe beaucoup moins les jeunes que les salariés âgés. Par exemple, en France en 2007, la part des chômeurs de plus d'un an d'ancienneté (respectivement : deux ans) était de 25 % (10 %) chez les 15-24 ans, de 40 % (21 %) chez les 25-49 ans, et de 60 % (38 %) chez les plus de 50 ans. Au total, cette année-là, 40,4 % des chômeurs étaient au chômage depuis plus d'un an, et 21,5 % depuis plus de deux ans.

Les études montrent que — à âge, genre et niveau de diplôme donnés — la probabilité de sortie du chômage diminue avec l'ancienneté. Ce phénomène peut découler d'une moindre intensité de recherche liée au découragement au fur et à mesure que le chômage se prolonge. Il peut aussi être lié à une dégradation des compétences ou encore au fait que la durée du chômage est un signal négatif pour les employeurs. Mais la corrélation négative constatée entre l'ancienneté au chômage et le taux de sortie est aussi due en partie au fait que, parmi les chômeurs les plus anciens, restent surtout les personnes qui, dès le début de la période de chômage, avaient une employabilité plus faible (à caractéristiques observées égales).

Des différences nationales importantes. — La part des chômeurs de longue durée est très variable au sein des pays industrialisés (voir tableau 8).

Il convient d'interpréter ces données avec précaution : une durée de chômage plus courte peut en partie résulter de sorties plus précoces vers l'inactivité, et pas seulement vers l'emploi. Une fois de plus, c'est aux transitions qu'il faut s'intéresser. Les études comparatives sont malheureusement rares en la matière, mais elles tendent à confirmer que certains marchés du travail nationaux sont beaucoup plus *fluides* que d'autres : les probabilités sur une période donnée aussi bien d'entrer au chômage que d'en sortir vers l'emploi y sont plus élevées. Pour les personnes âgées de 25 à 60 ans, à la fin des années 1980 ou au début des années 1990, la probabilité d'avoir retrouvé un emploi six mois au plus après avoir perdu leur dernier emploi était d'environ

Tableau 8. **Part des chômeurs de plus de douze mois d'ancienneté dans certains pays de l'OCDE, 2007**
(en %)

All.	Can.	Dk	Esp.	E.-U.	Fr.*	It.	Jap.	P.-B.	R.-U.	Suè.
57,5	8,4	18,4	23,9	10,7	42,8	47,3	40,3	43,9	29,7	14,5

* Données 2006 pour la France.

Source : OCDE [2008, annexes, tableau G].
Calcul de la population âgée de 15 à 64 ans, sauf pour l'Espagne, les États-Unis, le Royaume-Uni et la Suède (16-64 ans).

75 % supérieure aux États-Unis qu'en France [Cohen et Dupas, 2000]. La durée moyenne du chômage est donc nettement inférieure aux États-Unis.

Types de chômage et situation financière des chômeurs

Différents types de chômage

L'analyse des transitions sur le marché du travail — au-delà de la simple prise en compte des taux de chômage — permet de mieux spécifier les différentes formes de chômage. En prolongeant Freyssinet [2004] et sans prétendre à l'exhaustivité, on peut distinguer quatre formes principales, qui éclairent la diversité des figures de chômeur.

Le *chômage d'« insertion »* concerne les nouveaux entrants sur le marché du travail (les « primo-demandeurs d'emploi ») et en premier lieu les jeunes ; avec la montée du chômage de masse, il a pu se transformer, pour les moins qualifiés d'entre eux, en « chômage récurrent », voire en chômage d'exclusion.

Le *chômage de « conversion »* atteint principalement des travailleurs, pour beaucoup d'âge intermédiaire, qui ont perdu un emploi jusqu'alors stable, à la suite d'un licenciement, mais qui sont relativement employables. Le chômage est une période de transition, qui peut durer, notamment au-delà d'un an. C'est la forme traditionnelle de chômage des années 1960 jusqu'au début des années 1970, pour laquelle a été conçu le système d'indemnisation du chômage.

Le *chômage récurrent* désigne l'alternance emploi précaire/chômage. Cette forme de chômage concerne surtout les entrants sur le marché du travail (jeunes récemment sortis du système de formation, femmes en reprise d'activité...), mais elle touche aussi de façon croissante les travailleurs plus âgés, obligés d'accepter des emplois précaires — comme en atteste par exemple la part croissante de ces derniers au sein des travailleurs intérimaires. Le chômage récurrent s'est fortement accru depuis le début des années 1980 (le graphique 2 donne quelques indications, sans toutefois retracer les transitions infra-annuelles entre emploi et chômage).

Graphique 2. **Part des travailleurs alternant périodes d'emploi et de chômage, France, 1982-2000**

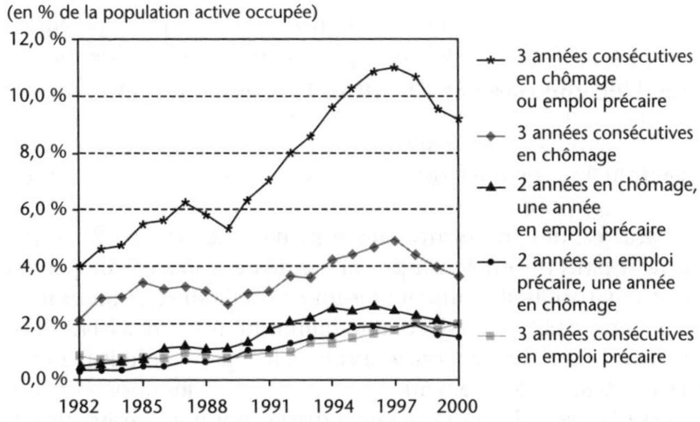

Source : COE [2008] ; calculs de Denis Fougère à partir de l'enquête Emploi.

Le *chômage d'« exclusion »* enfin regroupe les personnes dont la probabilité de retour de l'emploi est très faible et même quasi-nulle en période de chômage de masse, à moins de bénéficier d'un emploi aidé de la politique de l'emploi (voir chapitre IV). Les travailleurs âgés — on a vu plus haut leur faible taux de transition vers l'emploi — sont plus particulièrement touchés. Mais il peut concerner des jeunes sans qualification qui refusent d'entrer dans le cycle des emplois précaires et/ou qui vivent dans des zones géographiques de relégation faute de moyens de transport. Il peut atteindre aussi les travailleurs adultes, victimes de licenciements économiques dans des régions sinistrées offrant très peu d'opportunités de reconversion et qui souvent ont travaillé toute leur vie ou presque dans la même entreprise sur des postes qui ne leur ont pas permis d'acquérir des compétences valorisables sur le marché du travail. Beaucoup des chômeurs « exclus » finissent par se décourager et basculer dans l'inactivité. Une indication de l'importance du chômage d'exclusion peut être donnée par la part des personnes qui sont restées trois années consécutives au chômage. Celle-ci a doublé en France entre le début des années 1980 et le début des années 2000 (voir graphique 2).

Indemnisation du chômage et situation financière des chômeurs

La situation financière des chômeurs dépend principalement — sauf pour ceux qui ont une épargne importante — des modalités d'indemnisation du chômage. En France, celle-ci s'organise autour de deux piliers ; pour les autres pays, voir IRES [2008]. Le régime d'*assurance chômage*, géré par l'Unedic, délivre l'aide au retour à l'emploi (ARE) proportionnelle au salaire (57,4 % du salaire brut pour un salaire moyen, avec un maximum de 75 % du salaire pour les salaires les plus bas), et qui, en 2008, ne pouvait pas être inférieure à 26,66 euros par jour. Pour y avoir droit, il fallait avoir cotisé au moins six mois au cours des vingt-deux derniers mois. La durée d'indemnisation dépend à la fois de la durée de cotisation préalable et de l'âge (pouvant aller jusqu'à trente-six mois pour les 50 ans et plus). Pour les chômeurs qui ont épuisé leurs droits, le *régime d'assistance* (ou de « solidarité »), financé par l'État, verse l'allocation de solidarité spécifique (ASS), sous conditions de ressources, dont le montant s'élevait environ à 440 euros en 2008.

Les conditions d'indemnisation dépendent en fait des types de chômage évoqués plus haut. Les primo-demandeurs d'emploi n'ont en général pas droit à une indemnisation. Les chômeurs récurrents ont une plus forte probabilité de ne pas bénéficier d'indemnité chômage car leur durée préalable d'emploi — et donc de cotisation — est souvent insuffisante pour ouvrir des droits à indemnisation. Le chômage de conversion est indemnisé de façon plus favorable. Mais, au-delà d'un certain seuil de durée, les chômeurs basculent du régime assurantiel au régime assistantiel et peuvent subir une perte importante de revenu. En France, comme il faut de plus avoir travaillé cinq ans au cours des dix années précédant le chômage pour pouvoir bénéficier de l'ASS, beaucoup de chômeurs n'y ont pas droit et se retrouvent au revenu minimum d'insertion, et désormais au revenu de solidarité active (sous condition d'avoir au moins 25 ans). Ce dernier est devenu de fait le troisième pilier de l'indemnisation du chômage, alors que ce n'était pas son rôle initial [Outin, 2008].

Au total, pour beaucoup, le chômage se traduit par une situation financière difficile, parfois dramatique. Il faut souligner qu'en France, fin 2007, plus de 42 % des DEFM (hors catégories 4 et 5) n'étaient pas indemnisés au titre de l'assurance chômage ou de l'ASS. L'enquête Revenus sociaux et fiscaux (Insee-DGFiP-Cnaf-Cnav-CCMSA) révèle qu'en 2006 le niveau de vie moyen des chômeurs (de plus de 18 ans) s'élevait à 14 640 euros, soit un tiers de moins que celui des actifs occupés (de plus de 18 ans) mais aussi des retraités — respectivement 22 430 euros et 21 540 euros. Au milieu des années 2000 en France, le taux de pauvreté (calculé en fonction du seuil de 50 % du revenu médian par unité de consommation) atteignait 20 % parmi les chômeurs — soit environ le triple du taux de pauvreté de l'ensemble de la population.

II / La macroéconomie du chômage

Quel que soit le contexte économique, il existe toujours, dans une économie de marché, un certain montant de chômage. Le *chômage frictionnel* résulte simplement des ajustements incessants entre l'offre de travail (les personnes désirant travailler) et la demande de travail (émanant des entreprises). Chaque jour, des milliers d'emplois sont créés et détruits, et un nombre encore plus important de personnes entrent et sortent de l'emploi. La mise en relation des chômeurs et des emplois vacants — processus que l'on nomme *appariement* — prend un certain temps et dépend notamment des coûts d'information et de mobilité. Un certain volume de chômage frictionnel est donc inévitable.

Mais, au-delà, de quoi dépend le niveau de chômage ? Le modèle économique de base en termes d'offre et de demande sur le marché du travail relie simplement le chômage au niveau de salaire, que ce soit au niveau global ou pour les différentes catégories de main-d'œuvre (voir encadré 2). Cependant, il repose sur un raisonnement limité au seul marché du travail, se fondant de plus sur des hypothèses particulières (dites de « concurrence parfaite »). Comprendre le chômage exige en fait d'adopter un raisonnement *macroéconomique*, prenant en compte l'ensemble des marchés (notamment celui des biens et services) tels qu'ils fonctionnent dans la réalité (c'est-à-dire avec leurs « imperfections »).

Au niveau macroéconomique, il est d'usage de distinguer deux types de chômage, selon les mécanismes qui les engendrent. Les variations de l'activité économique donnent naissance à du *chômage conjoncturel*, que tente de réduire la politique macroéconomique conjoncturelle mobilisant les instruments monétaires (notamment les taux d'intérêt) et budgétaires. Au chômage conjoncturel s'oppose le *chômage structurel*, qui peut être défini comme le chômage ne résultant pas directement des variations de l'activité économique de court terme. Il englobe donc le chômage frictionnel, mais ne s'y réduit pas.

Les travaux économiques des trente dernières années ont profondément renouvelé l'analyse de ces différents types de chômage, et notamment celle du chômage structurel, comme en atteste la notion de « chômage d'équilibre » [Blanchard, 2004].

Nous nous intéresserons dans un premier temps au lien entre les fluctuations de l'activité économique et le chômage, avant d'aborder, dans un deuxième temps, le chômage d'« équilibre », de nature structurelle. Nous aborderons pour finir le rôle de grandes mutations structurelles : le progrès technique et la mondialisation.

Fluctuations conjoncturelles et chômage

« Écart de production » et chômage conjoncturel

Le produit intérieur brut (PIB) mesure les richesses produites (la somme des valeurs ajoutées) dans une économie donnée au cours de l'année. Il est donc l'indicateur de l'activité économique et sa variation fait l'objet d'une attention fébrile. Le « taux de croissance de l'économie » annuel est en effet considéré comme un déterminant fondamental des variations du chômage. Le fait que les variations de court terme du PIB se répercutent sur le niveau d'emploi — et, par là, sur celui du chômage — est une des bases du message keynésien [Keynes, 1936]. Pour Keynes, la demande effective (D_{eff}) — composée de la consommation des ménages (C), de l'investissement des entreprises (I) et de la dépense publique (G) — détermine le niveau de production (Y), qui détermine lui-même le niveau d'emploi (E), qui détermine lui-même le chômage (CH). Soit simplement :

$$D_{eff} \ (= C + I + G) => Y => E => CH.$$

Y désigne le PIB *effectif*, c'est-à-dire le PIB effectivement réalisé dans l'année. Le PIB *potentiel* désigne le niveau de PIB qui résulterait du « plein emploi » des facteurs de production dans l'économie, travail et capital, ou encore le niveau maximum de

Encadré 2. Le marché du travail : l'analyse standard

Salaire d'équilibre et explication du chômage

Le schéma 2 représente de façon stylisée le marché du travail. Cette représentation repose sur deux hypothèses fondamentales. La première concerne la demande de travail (D), c'est-à-dire le nombre de travailleurs que demandent les entreprises, ou encore le nombre d'emplois qu'elles offrent (un raisonnement similaire pourrait porter sur les heures de travail plutôt que sur le nombre de travailleurs). Cette demande est supposée décroissante avec le salaire réel (w_r) — c'est-à-dire le salaire nominal divisé par le niveau général des prix. Ceci découle d'un double mécanisme. D'une part, on suppose que la productivité marginale du travail est elle-même décroissante : toutes choses égales par ailleurs, le surcroît de production que procure l'embauche d'un nouveau travailleur est d'autant plus faible que le nombre de travailleurs déjà en emploi est important. D'autre part, l'entreprise continue à embaucher tant que la productivité marginale est supérieure ou égale au salaire réel (qui est supposé le même pour tous les travailleurs de même qualification). Il en résulte que plus le salaire réel est élevé, plus la productivité marginale doit l'être, et donc moins le nombre de travailleurs en emploi doit être important.

La seconde hypothèse est que l'offre de travail (O) — c'est-à-dire ici le nombre de personnes qui désirent travailler ou encore le nombre d'emplois demandés — est croissante avec le salaire réel (w_r) : lorsque le salaire augmente, un plus grand nombre de personnes désirent travailler.

Il existe un salaire, w_r^*, qui égalise l'offre et la demande de travail, et qui détermine en même temps un point d'« équilibre » : si aucune entrave n'empêche les ajustements du salaire en fonction de l'offre et la demande (le salaire croît quand il y a un excès de demande, décroît dans le cas inverse), le salaire doit se fixer au niveau w_r^*, le niveau d'emploi au niveau n^*, et l'équilibre au point A (à l'intersection de D_1 et O_1). Même si on raisonne ici en termes d'équilibre partiel (c'est-à-dire en ne tenant compte que du marché du travail, voir plus bas), nous pouvons appeler w_r^* le « salaire walrassien » (du nom de Léon Walras, le théoricien de l'équilibre général en situation de concurrence dite « parfaite »). Si le salaire est fixé, par exemple du fait de l'introduction d'un salaire minimum, à un niveau supérieur à w_r^*, soit w_r^o, il en découle automatiquement un déséquilibre entre l'offre et la demande : le chômage est alors mesuré par l'écart entre n_{pe}, le niveau d'emploi qui serait nécessaire pour employer toutes les personnes qui désirent travailler au salaire w_r^o, et n^o, le niveau d'emploi fixé par les entreprises au salaire w_r^o.

Ce schéma permet de rendre compte des effets — à salaire inchangé — d'une variation de l'offre ou de la demande de travail. Par exemple, l'arrivée d'une cohorte de jeunes nombreuse sur le marché du travail peut déplacer la courbe d'offre de O1 à O2 (la demande initiale de travail — D1 — étant supposée inchangée). Le nouvel équilibre (B) sera atteint au prix d'une baisse du salaire (par rapport à son niveau initial *wr**), le niveau d'emploi devant augmenter (par rapport à son niveau initial *n**) pour absorber les nouveaux entrants. Autre exemple, cette fois-ci du côté de la demande : sous l'effet d'une récession qui réduit les débouchés des

Schéma 2. **Offre, demande et équilibre sur le marché du travail**

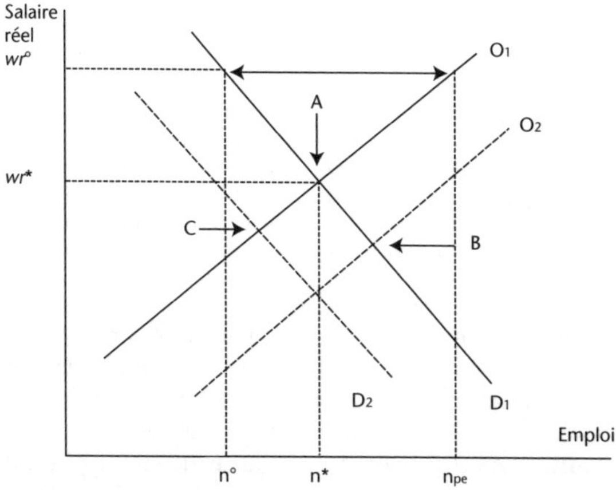

entreprises, la demande de travail va baisser. Ceci se traduit par un déplacement de la courbe de demande de D1 à D2 (l'offre initiale de travail — O1 — étant supposée inchangée). Le nouvel équilibre (C) sera lui aussi atteint au prix d'une baisse du salaire (par rapport à son niveau initial *wr**). Le niveau d'emploi peut lui-même baisser (par rapport à son niveau initial *n**), mais il doit se fixer à un niveau suffisant pour satisfaire toutes les personnes qui désirent travailler au nouveau niveau de salaire.

Il faut noter que cette approche repose sur un raisonnement limité au seul marché du travail — ou encore un raisonnement en termes d'« équilibre partiel » (sur le marché du travail), par opposition à un raisonnement en termes d'« équilibre général » qui tiendrait compte de l'interdépendance des différents marchés, ou encore, en termes macroéconomiques, des effets de « bouclage ». Par exemple, dans certaines circonstances, une baisse du niveau de salaire peut entraîner une baisse de la consommation, et donc une diminution de la production, qui peut elle-même provoquer une baisse du niveau d'emploi, et non pas une hausse, comme l'implique le raisonnement en équilibre partiel. De tels effets de « bouclage » sont au fondement de la théorie keynésienne [Keynes, 1936].

Structure des salaires relatifs et chômage catégoriel

L'approche en termes d'offre et de demande sur le marché du travail permet en même temps d'expliquer les différences de taux de chômage entre catégories de main-d'œuvre. En effet, pour leurs décisions d'embauche et de licenciement, les entreprises arbitrent en fonction de ce que l'on pourrait appeler le rapport « qualité (*i. e.* productivité)/prix (*i. e.* salaire) » des différentes catégories de main-d'œuvre (par exemple, les travailleurs non qualifiés et les travailleurs qualifiés). Les écarts de salaire doivent donc refléter les écarts de productivité pour que les entreprises ne soient pas incitées à *substituer* certaines catégories à d'autres — soit simplement à l'équilibre Wi/Wj = Pri/Prj, où *W* et *Pr* désignent respectivement le salaire réel et la productivité, et *i* et *j* deux catégories de main-d'œuvre. Par exemple, si, du fait de l'introduction d'un salaire minimum, le salaire relatif des travailleurs non qualifiés (nq) — comparés aux travailleurs qualifiés (q) — devient trop élevé par rapport à leur productivité relative (*Wnq/Wq > Prnq/Prq*), les entreprises vont baisser leur demande de travailleurs non qualifiés et augmenter celle de demandeurs qualifiés (en supposant que les deux catégories de main-d'œuvre soient substituables). Un certain nombre de travailleurs non qualifiés vont donc se retrouver au chômage.

production de biens et services qui peut être atteint sans créer de tensions inflationnistes (résultant d'une pénurie de facteurs). L'« écart de production » (*output gap*) désigne la différence entre le PIB effectif et le PIB potentiel. Dès le début des années 1960, l'économiste américain Arthur Okun avait établi une relation stable entre l'évolution du chômage et celle de l'écart de production — c'est la « loi d'Okun ». Celle-ci peut s'interpréter comme un lien à court-moyen terme entre les variations du chômage et le taux de croissance de l'économie : le niveau d'emploi s'éloigne du niveau de plein emploi si la croissance *effective* est inférieure à la croissance *potentielle*. Cette dernière est la croissance maximale permise par la pleine utilisation des facteurs de production, en tenant compte de la croissance de la quantité et de la productivité de ces derniers. Conformément à l'enseignement de Keynes, la politique économique doit intervenir lorsque la *demande effective* (D_{eff}) fléchit, et que, de ce fait, le PIB réalisé menace de ne pas atteindre son niveau potentiel (ou encore le niveau de l'*offre potentielle*).

Les ajustements de l'emploi aux fluctuations de l'activité et ses effets différenciés selon le type de main-d'œuvre

Les ajustements de l'emploi à court terme : le cycle de productivité. — En fait, au niveau microéconomique des entreprises, les ajustements de l'emploi aux fluctuations de l'activité économique ne sont pas immédiats : avant de licencier, ce qui a toujours un coût, les entreprises réduiront les heures de travail (et en premier les éventuelles heures supplémentaires) et recourront peut-être au chômage technique. Ce n'est que si le ralentissement se confirme qu'elles envisageront de réduire leur effectif. Symétriquement, en cas de reprise, elles essaieront de répondre au surcroît de leur activité dans un premier temps à effectif constant. Ces décalages temporels expliquent le *cycle de productivité* — celle-ci renvoyant à la productivité par tête, c'est-à-dire au montant de la production divisé par le nombre de travailleurs. Quand l'économie ralentit, la productivité baisse dans un premier temps (on produit moins avec le même nombre de travailleurs) et, inversement, elle augmente en cas de reprise économique (tant que les nouvelles embauches n'ont pas eu lieu). Le cycle de productivité est d'autant moins marqué que la vitesse d'ajustement de l'emploi à la conjoncture est importante. Celle-ci mesure le degré de *flexibilité* (qualifiée, dans ce cas, de *quantitative (ou numérique) externe*) — qui se définit comme la capacité d'ajuster les effectifs employés à l'activité. Le cycle de productivité sera au contraire d'autant plus marqué que les entreprises recourent notamment à d'autres formes de flexibilité, dites « internes » : la *flexibilité quantitative (ou numérique) interne* (ajustement du nombre d'heures travaillées en fonction de l'activité à effectif constant) ou la *flexibilité fonctionnelle* (dite aussi « qualitative interne »), laquelle repose sur la réallocation des travailleurs en interne.

Nous verrons dans le chapitre suivant que le recours à la flexibilité quantitative externe dépend notamment des règles qui encadrent l'embauche et le licenciement. De ce point de vue, de façon traditionnelle, l'emploi (et, par là, le chômage) est plus sensible à la conjoncture dans les pays où le marché du travail est « flexible » — comme les États-Unis — que dans les pays où il est relativement « rigide » — comme la France. Mais ce n'est pas le seul facteur qui intervient : la vitesse d'ajustement de l'emploi à la conjoncture dépend aussi du type de processus productif ; des études ont montré par exemple en France que les délais d'ajustement étaient en moyenne nettement plus longs dans l'industrie que dans les services [Grangeas et Lepage, 1993, chapitre V].

Pour passer de l'emploi au chômage, rappelons qu'il faut tenir compte de l'impact à court terme de la création d'emplois sur les comportements d'activité (voir chapitre I) : la diminution du chômage est d'autant plus faible que, suite à l'*effet d'appel*, le nombre de nouveaux entrants sur le marché du travail, attirés par de meilleures perspectives d'embauche, est important.

Fluctuations conjoncturelles et chômage catégoriel : file d'attente et effets de report. — Les différences de chômage entre catégories de main-d'œuvre (et donc la composition du chômage global) dépendent de leurs productivités et de leurs salaires relatifs (voir encadré 2). Mais elles peuvent être liées aussi à la conjoncture. Par exemple, le taux de chômage des jeunes est beaucoup plus sensible à la conjoncture que celui des adultes [Fondeur et Minni, 2004]. En effet, en tant que nouveaux entrants sur le marché du travail, ils sont les premiers à souffrir du gel des embauches en cas de ralentissement économique. Et, s'ils sont déjà en emploi, ils sont aussi plus susceptibles de le perdre — comme on l'a vu dans le premier chapitre en comparant la *vulnérabilité* selon l'âge. Ils sont en effet plus souvent employés sur des contrats temporaires, non renouvelés quand l'activité ralentit. Ils sont aussi simplement victimes du fait que les entreprises, quand elles doivent licencier, préfèrent se défaire des salariés qui ont le moins d'ancienneté, car ce sont ceux qui ont le moins acquis de « capital humain spécifique » — qui recouvre les connaissances et compétences spécifiques à l'entreprise, et qui ne peuvent être acquises que « sur le tas », grâce à une ancienneté plus ou moins longue. Les entreprises sont aussi incitées à licencier les salariés les moins anciens par des règles diverses — montant des indemnités de licenciement croissant avec l'ancienneté dans de nombreux pays dont la France, règle du *last in, first out* (« dernier embauché, premier licencié ») imposée par certains syndicats comme aux États-Unis.

Les travailleurs peu qualifiés de façon plus générale sont eux aussi plus vulnérables au ralentissement conjoncturel : les entreprises les licencient d'autant plus facilement qu'ils n'ont pas de compétences rares et précieuses. Ils sont donc logiquement surreprésentés parmi les salariés en emploi temporaire. Leur plus grande vulnérabilité à la conjoncture découle aussi de l'effet d'éviction dont ils peuvent être victimes : lorsque la conjoncture est mauvaise (et le chômage est élevé), un certain nombre de travailleurs qualifiés acceptent des emplois peu qualifiés (et, par là, un « déclassement ») — cet *effet de report (ou de « cascade »)* entraînant l'éviction des travailleurs peu qualifiés.

Il résulte au total que le chômage fonctionne aussi comme un phénomène de *file d'attente* [Salais, 1975], au bout de laquelle sont relégués les jeunes peu diplômés, ainsi que les moins qualifiés de façon plus générale. Notons que l'effet de report peut jouer quelle que soit la nature du chômage (conjoncturelle ou plus structurelle).

À la recherche de la composante structurelle du chômage

La forte croissance de l'après-guerre et le succès de la théorie keynésienne ont incité les macroéconomistes à focaliser leur attention à cette époque avant tout sur le chômage conjoncturel : dans les situations de fléchissement de l'activité, il s'agissait d'appliquer une politique de relance, budgétaire ou monétaire, permettant de maintenir le « plein emploi ». Cependant, dès la fin des années 1960, certains ont mis en avant l'existence d'un chômage de nature structurelle (le « chômage naturel »), sur lequel les politiques macroéconomiques traditionnelles n'avaient aucun impact à moyen terme. Suite au premier choc pétrolier, l'échec de ces mêmes politiques à endiguer la hausse du chômage révèle que celle-ci ne renvoie pas à un chômage avant tout de nature conjoncturelle (ou encore « keynésien »), lié simplement à une *demande* effective trop faible : le chômage semble plutôt résulter alors d'une limitation de l'*offre* de biens et services, renvoyant aux facteurs qui peuvent affecter la rentabilité des entreprises, et notamment le salaire. Le maintien du chômage à un niveau élevé au cours des années 1980, plus particulièrement en Europe, incite alors les économistes à analyser de façon systématique les déterminants du chômage structurel, en introduisant la notion de « chômage d'équilibre ».

La remise en cause des politiques conjoncturelles de lutte contre le chômage

Du chômage naturel au « NAIRU ». — À la fin des années 1950, l'économiste Phillips [1958] avait mis en lumière une corrélation empirique négative entre le niveau du chômage et le taux de croissance du salaire nominal, qui pouvait trouver une explication évidente : quand le chômage est faible, les entreprises ont plus de mal à recruter et ces tensions poussent le salaire à la hausse. Au contraire, en période de chômage élevé, le rapport de force n'est plus en faveur des salariés, la modération salariale prévaut. Si on établit un lien direct entre le taux de croissance des salaires nominaux et le taux d'inflation, il en découle une relation négative entre taux de chômage et taux d'inflation — c'est la *courbe de Phillips* [Hoang-Ngoc, 2007]. Celle-ci a été interprétée, en termes de politique économique, comme mettant en lumière un arbitrage entre chômage et inflation : les pouvoirs publics peuvent choisir le couple (niveau de chômage, niveau d'inflation), la seule contrainte étant qu'un taux de chômage faible se paye par un taux d'inflation élevé.

C'est justement cet arbitrage que remettent en cause, à la fin des années 1960, Phelps [1967] et Friedman [1968], tous les deux futurs prix Nobel. En effet, l'expérience américaine de la décennie écoulée avait montré que les politiques n'avaient pas réussi à durablement diminuer le taux de chômage en dessous d'un certain seuil, semblant relativement incompressible à moyen terme — de l'ordre de 4 à 5 %. En revanche, elles semblaient responsables d'une augmentation continue du taux d'inflation au cours de la même période. Les politiques de plein emploi semblaient donc buter sur un taux de *chômage « naturel »*. Le qualificatif peut sembler étonnant, il s'oppose simplement à « monétaire » : c'est le taux de chômage insensible, à moyen terme, à une politique monétaire expansionniste. Conformément à la courbe de Phillips, cette dernière peut faire baisser le chômage à *court terme* en augmentant l'inflation, à condition que les salaires nominaux s'ajustent avec retard sur les prix : dans ce cas, les salaires réels vont baisser dans un premier temps, et les entreprises vont augmenter leur niveau d'emploi — leur « demande de travail » étant supposée d'autant plus importante que le salaire réel est faible (voir encadré 2). Cependant, dès que les salariés auront obtenu un rattrapage de leur salaire sur l'inflation, le salaire réel et donc l'emploi vont revenir à leur niveau initial. Le chômage retrouvera donc son niveau « naturel ». La seule façon d'essayer de maintenir le chômage à un niveau plus bas est d'accroître de nouveau le taux d'inflation — mais l'effet ne peut être que de court terme, le temps que s'ajustent les salaires. En d'autres termes, le chômage ne peut être maintenu à un niveau inférieur à son niveau « naturel » qu'au prix d'une inflation non seulement plus élevée (comme l'indiquait Phillips), mais constamment croissante. Symétriquement, tant que le chômage est au-dessus de son niveau naturel, l'inflation doit continûment baisser.

On peut déduire de l'analyse friedmanienne qu'il existe un taux de chômage compatible avec une inflation stable, soit un taux de chômage qui n'accélère pas l'inflation, en anglais le *Non Accelerating Inflation Rate of Unemployment*, le NAIRU. Dans l'esprit de James Tobin, qui introduit cette notion dans les années 1970, loin de rendre caduques les politiques keynésiennes (comme le voulait Friedman), le NAIRU va au contraire leur fournir un instrument précieux, en permettant de distinguer la part conjoncturelle du chômage de sa part structurelle. Le taux de chômage conjoncturel est simplement la différence entre le taux de chômage effectivement constaté et le NAIRU. Si cette différence est positive, les politiques conjoncturelles doivent intervenir jusqu'à ce que le chômage rejoigne le NAIRU — d'autant plus que, selon les économistes keynésiens, et contrairement à la conception friedmanienne du « chômage naturel », rien n'assure que l'économie revienne automatiquement au niveau du NAIRU [Tobin, 1997]. Le NAIRU est cependant avant tout une notion empirique. La notion de chômage naturel, même si c'est encore de façon floue chez Friedman, renvoie à un concept théorique, qui ne trouvera ses véritables fondements qu'avec la théorie du « chômage d'équilibre ».

Chômage keynésien, chômage classique. — L'échec des politiques de relance pour faire face à la montée du chômage suite au premier choc pétrolier va amener à une seconde remise en cause des politiques keynésiennes. Pour mieux comprendre les mécanismes à l'œuvre, certains économistes changent de référentiel théorique par rapport à l'approche macroéconomique keynésienne, en revenant à l'analyse des comportements des agents (ménages, entreprises) au niveau microéconomique. L'enjeu est de retrouver les « fondements microéconomiques de la macroéconomie », dans le cadre d'une approche en termes d'équilibre général, prenant donc en compte non seulement le marché du travail mais aussi celui des biens et services. Mais, contrairement au modèle walrassien initial, les tenants de la « théorie du déséquilibre » ou de l'« équilibre général à prix fixes », appellation plus adéquate, partent de l'hypothèse que les prix (y compris les salaires) sont rigides à court terme et ne s'ajustent pas pour résorber les déséquilibres entre offre et demande sur les différents marchés [Malinvaud, 1980 ; Bénassy, 1984].

Une première situation résulte d'une insuffisance de demande solvable (ou, en d'autres termes, d'un niveau de prix trop élevé par rapport au revenu des ménages). Face à une demande trop faible, les entreprises réduisent leur emploi, et le chômage qui en résulte entretient lui-même en retour la pénurie de débouchés. C'est la situation de *chômage keynésien*. Face à cette situation, les politiques traditionnelles de relance par la demande sont efficaces. Une seconde situation possible est celle où les entreprises, étant donné le niveau de salaire réel, fixent un niveau de production inférieur à celui que les ménages seraient prêts à consommer, et en même temps un niveau d'emploi inférieur au niveau de plein emploi. Cette situation, résultant d'un salaire réel trop élevé, est celle d'un *chômage classique*. Dans ce second cas de figure, les ménages souffrent du chômage du fait que les entreprises butent non pas sur une *contrainte de débouchés*, comme dans la situation keynésienne, mais sur une *contrainte de rentabilité*. Dans cette situation, les politiques traditionnelles de soutien à la demande sont inefficaces.

Cette typologie a l'intérêt de distinguer, au niveau macroéconomique, différentes situations de chômage, appelant différentes politiques. Ainsi, en France, suite au premier choc pétrolier, c'est bien la situation de chômage classique qui semble dominer, comme en atteste la forte baisse du taux de marge des entreprises (mesuré par le rapport de leur excédent brut d'exploitation à leur valeur ajoutée). Au milieu des années 1990, au contraire, la part du chômage keynésien semble importante, ce qui amène certains économistes à préconiser une politique de relance [Blanchard et Fitoussi, 1998]. Mais cette typologie permet aussi, à un niveau plus microéconomique, d'envisager que toutes les entreprises ne font pas forcément face au même type de contrainte et que, au sein d'une même économie, peuvent coexister des chômages de types keynésien et classique.

Les déterminants du chômage structurel : la notion de chômage d'équilibre

La grande faiblesse de la théorie du déséquilibre est qu'elle pose la rigidité des salaires et des prix comme hypothèse sans la justifier. Les théories du *chômage d'équilibre* vont expliquer la formation des salaires et des prix dans le cadre d'une approche aussi en termes d'équilibre général, mais reposant sur l'hypothèse de concurrence imparfaite aussi bien sur le marché du travail que sur celui des biens et services. Elles vont permettre en même temps de donner des fondements microéconomiques rigoureux à la notion de chômage naturel.

Pour simplifier, on peut classer les mécanismes générateurs du chômage d'équilibre en deux catégories : ceux qui agissent sur le niveau d'emploi offert par les entreprises, et ceux qui jouent sur la mise en relation entre les chômeurs et ces emplois.

La détermination du niveau d'emploi : rigidité des salaires réels et autres facteurs affectant la rentabilité des entreprises. — Nous avons vu plus haut qu'un niveau de salaire réel trop élevé pouvait entraîner du chômage. Si cette situation perdure, ce chômage de type « classique » peut lui-même constituer un « chômage d'équilibre » de plus long terme. L'enjeu est alors de comprendre pourquoi le salaire réel peut durablement se fixer à un niveau supérieur à son niveau « walrassien », où offre et demande de travail s'égalisent et le chômage s'annule (si on fait abstraction du chômage purement frictionnel) (voir encadré 2). C'est l'objectif que se sont fixé à partir des années 1980 les « nouvelles théories du marché du travail » [Perrot, 1991] (voir encadré 3). Ainsi, selon la théorie *insiders/outsiders*, les salariés en place bénéficient d'une rente (sous forme d'un salaire supérieur au salaire walrassien) du fait de l'existence de coûts d'embauche et de licenciement. Dans les théories du *salaire d'efficience*, ce sont les entreprises qui, dans un contexte où leur information sur la qualité ou le comportement des travailleurs est imparfaite, ont intérêt à fixer un salaire réel supérieur au salaire walrassien. Ceci leur permet notamment d'attirer et retenir les travailleurs de qualité, de les inciter à l'effort une fois embauchés, et de réduire les coûts de rotation (*turn-over*).

Les modèles précédents en restent à une détermination du salaire réel (et du chômage correspondant) résultant de mécanismes d'ajustement sur le seul marché du travail (approche « en équilibre partiel »). Au début des années 1990, Layard, Nickell et Jackman [1991] proposent un cadre général où le salaire réel résulte non seulement du comportement des travailleurs qui (*via* leur syndicat) fixent le salaire nominal pour atteindre le salaire réel souhaité, mais aussi du comportement de marge des entreprises sur le marché des produits, qui fixent le prix pour atteindre le salaire réel compatible avec le taux de marge

Encadré 3. Les déterminants du niveau excessif et de la rigidité du salaire réel

Un niveau excessif de salaire par rapport à sa valeur d'équilibre (voir encadré 2) peut résulter du rôle des syndicats et des modalités de négociations salariales [Cahuc, 1991]. Mais d'autres mécanismes peuvent intervenir (même en l'absence de syndicats) pour expliquer la fixation d'un salaire réel au-dessus de son niveau « walrassien » qui égalise l'offre et la demande sur le marché du travail. Ainsi, selon la théorie *insiders/outsiders* [Lindbeck et Snower, 1988], les personnes en emploi (les *insiders*) profitent d'une rente (sous forme d'un salaire réel w_r^o supérieur au niveau « walrassien », w_r^*) grâce à l'existence de coûts de remplacement de la main-d'œuvre (d'un montant de c). Ces derniers recouvrent les coûts de licenciement, les coûts de formation des nouveaux embauchés, les coûts entraînés par les représailles éventuelles des *insiders* sur ces derniers, pour les rendre moins productifs et dissuader leur embauche... L'existence de ces coûts explique qu'il n'est pas rentable pour l'employeur de remplacer les *insiders* par des chômeurs *outsiders* qui accepteraient de travailler au salaire walrassien (w_r^*), tant que le salaire imposé par les *insiders* (w_r^o) n'excède pas $w_r^* + c$. À l'équilibre, on a donc simplement $w_r^o = w_r^* + c$.

Mais il se peut que les employeurs eux-mêmes n'aient pas forcément intérêt à baisser les salaires (même en période de récession), du fait de l'existence de coûts liés à des imperfections de marché, comme le soulignent les *théories du salaire d'efficience*. Les entreprises sont, dans la réalité, confrontées à des problèmes informationnels (difficultés pour évaluer la qualité d'un candidat à l'embauche et pour contrôler son effort une fois embauché) ainsi qu'à des coûts de rotation. Elles peuvent alors avoir intérêt à fixer des salaires au-dessus du niveau « walrassien », pour attirer et retenir les meilleurs travailleurs [Weiss, 1980], pour les inciter à l'effort une fois embauchés [Shapiro et Stiglitz, 1984] ou diminuer la rotation (*turn-over*) [Salop, 1979]. Dans chaque cas, on suppose qu'il existe un niveau de salaire optimal pour les entreprises — le « salaire d'efficience » (w_{eff}). Tant que le salaire w est inférieur à w_{eff}, il est rentable pour l'entreprise d'augmenter w, car le gain résultant de l'attrait de meilleurs travailleurs, ou de l'augmentation de l'effort fourni, ou de la baisse des coûts de rotation fait plus que compenser l'augmentation de salaire. En revanche, elle n'a pas intérêt à fixer w au-dessus de w_{eff}, car on suppose que, au-delà de ce seuil, le gain qu'elle en tire est inférieur à l'augmentation de salaire. Il en résulte aussi que w_{eff} est rigide à la baisse. En effet, en cas de baisse d'activité, les coûts engendrés par une diminution de ce salaire (en termes de perte par démission des meilleurs salariés, de baisse de l'effort fourni ou d'augmentation des coûts de rotation) se révéleront pour l'entreprise supérieurs au gain monétaire de cette diminution. L'entreprise voudra donc maintenir le salaire à son niveau d'« efficience », supérieur à son niveau « walrassien ». On peut noter que le salaire d'efficience doit être d'autant plus élevé (pour motiver et retenir les travailleurs) que les opportunités de revenus alternatives à l'emploi sont élevées. Ainsi, dans cette approche, par exemple, plus l'indemnisation du chômage est généreuse, plus le salaire d'efficience sera élevé, et donc plus le chômage le sera.

recherché. Dans ce modèle de détermination des salaires et des prix (*wage setting/price setting*, soit « WS/PS »), le chômage d'équilibre est alors le niveau de chômage qui rend compatibles le niveau de salaire réel souhaité par les salariés et celui souhaité par les entreprises (voir encadré 4).

Il résulte notamment de toutes ces approches que le salaire réel d'équilibre (et, par là, le chômage d'équilibre) est d'autant plus élevé que le pouvoir de négociation des salariés, au niveau collectif comme au niveau individuel, est important. Or celui-ci dépend notamment, à niveau de chômage donné, d'un ensemble de variables institutionnelles : les syndicats et les modalités de négociations collectives, mais aussi l'indemnisation du chômage (plus elle est généreuse, plus les chômeurs peuvent être exigeants en termes de salaires), la réglementation des licenciements (qui renforce le pouvoir de négociation des salariés en place, les *insiders*)... Nous reviendrons sur tous ces facteurs dans le chapitre suivant.

Au-delà des seuls salaires réels, les déterminants du niveau de chômage d'équilibre sont en fait nombreux : ils renvoient notamment à tous les facteurs qui affectent durablement les coûts des entreprises et, par là, leur rentabilité. Ainsi, une hausse des prélèvements obligatoires sur le travail (cotisations sociales ou taxes sur les salaires) ou sur les bénéfices, une hausse des taux d'intérêt réel, une baisse durable des gains de productivité (liés par exemple au ralentissement du progrès technique) peuvent entraîner, s'ils ne sont pas compensés par une baisse du salaire réel, une augmentation du chômage d'équilibre.

Le degré de concurrence sur le marché des produits peut également jouer : en situation de concurrence imparfaite, les entreprises ont tendance à fixer un niveau de prix supérieur, et des niveaux de production et d'emploi inférieurs à ceux obtenus en concurrence parfaite. Des réglementations de la concurrence se traduisant par des « barrières à l'entrée » (c'est-à-dire des obstacles à l'entrée de nouvelles entreprises sur le marché) peuvent donc elles aussi entraîner un chômage d'équilibre plus élevé.

Encadré 4. Le modèle WS/PS

L'approche en termes de chômage d'équilibre développée par Layard, Nickell et Jackman [1991] endogénéise la formation des salaires et des prix dans le cadre d'une approche en termes d'équilibre général mais en concurrence imparfaite. Les agents sont « faiseurs de prix » (*price makers*) et non pas « preneurs de prix » (*price takers*). Les salariés — représentés par leurs syndicats — sont supposés avoir un certain objectif en termes de salaire réel (*w/p*) et réclament donc un salaire nominal (*w*) d'autant plus élevé que le niveau de prix qu'ils anticipent (*p*) est lui-même élevé. Cependant, leurs exigences salariales sont tempérées par le niveau de chômage : la courbe de détermination du salaire (WS, pour *wage setting*) est donc décroissante dans le plan [salaire réel/chômage] (voir schéma 3). Les entreprises, pour leur part, se fixent pour objectif une certaine marge bénéficiaire et vont fixer leurs prix de vente (*p*) en conséquence. À marge souhaitée donnée (*p* – *w*), le prix (*p*) sera d'autant plus élevé que le salaire nominal (*w*) le sera aussi. En fixant le prix, elles visent donc ainsi à déterminer un certain niveau de salaire réel (*w/p*), leur marge étant d'autant plus faible que le salaire réel est élevé. On suppose qu'en période de faible activité (et de haut chômage) les entreprises sont obligées de réduire leurs marges (*p* – *w*) en modérant leur prix de vente (*p*) et que donc, *w* étant supposé imposé par les syndicats, le salaire réel (*w/p*) est plus élevé. Symétriquement, en période de bonne conjoncture, elles sont moins contraintes pour fixer leurs prix à la hausse, et le salaire réel s'en trouve réduit. Au total, la courbe de détermination des prix (PS, pour *price setting*) est croissante dans le plan [salaire réel/chômage] (voir schéma 3). L'intersection des courbes WS et PS détermine le niveau du chômage d'équilibre U*. Celui-ci est le niveau de chômage qui rend compatibles le niveau de salaire réel souhaité par les travailleurs et celui souhaité par les entreprises. Si U < U*, le salaire souhaité par les travailleurs est supérieur à celui que sont prêtes à concéder les entreprises, et cela débouche sur une spirale inflationniste (face au *w* exigé par les salariés, les entreprises augmentent *p* pour maintenir leur marge, ce qui entraîne une hausse de *w* exigée par les salariés, etc.).

La prise en compte du processus d'appariement. — Nous nous sommes intéressé jusqu'ici aux déterminants du niveau d'emploi offert par les firmes, ou encore, en termes de flux, aux facteurs qui affectent les créations et destructions d'emplois. Cependant, pour être complète, l'analyse du chômage d'équilibre doit aussi prendre en compte le processus d'appariement entre chômeurs et emplois [Pissarides, 1990].

Les premières analyses du chômage « naturel » l'avaient interprété comme un chômage de nature frictionnelle. Dès le début des années 1970, les théories de la « prospection d'emploi » (*job search*) [Mortensen, 1970 ; Phelps, 1970] ont cherché à modéliser le comportement du chômeur dans un environnement où

Symétriquement, si U > U*, les moindres exigences salariales des travailleurs entraîneront une décrue des prix, qui elle-même entraînera de moindres exigences salariales, etc. En d'autres termes, U* est le seul taux de chômage compatible avec une inflation stable — on retrouve le NAIRU.

Schéma 3. **Le modèle WS-PS**

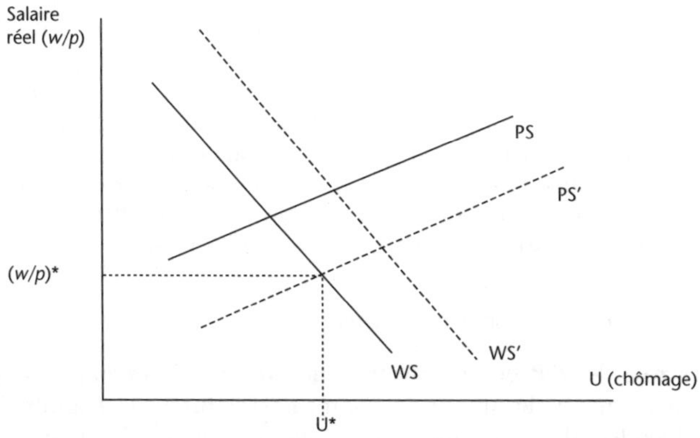

U* dépend donc de tous les facteurs qui peuvent affecter WS et PS. Une augmentation des coûts des entreprises (hausse du prix de l'énergie, des prélèvements obligatoires sur les salaires ou les bénéfices, etc.) baisse le niveau de salaire réel qu'elles sont prêtes à accorder (on passe par exemple de PS à PS') et augmente U*. Symétriquement, côté salarié, tout ce qui, à niveau de chômage donné, accroît les exigences salariales (par exemple, une meilleure indemnisation du chômage) déplace la courbe WS vers la droite (par exemple en WS'), entraînant une hausse de U*.

l'information sur les emplois disponibles et les salaires correspondants est imparfaite. Le but est de déterminer la durée du chômage, et, par conséquent, le niveau de chômage de prospection. La durée de chômage est notamment, selon cette approche, d'autant plus longue que l'indemnisation du chômage est généreuse — cette dernière rendant les chômeurs plus « exigeants » en termes de salaire.

Au-delà du chômage frictionnel de prospection, qui peut être considéré comme « volontaire », car résultant du choix des chômeurs, le processus d'appariement renvoie au problème de l'adéquation entre l'offre et la demande de travail, en termes de niveau de formation, de type de métier, mais aussi de localisation.

Le chômage d'équilibre est d'autant plus élevé que cette adéquation est mauvaise. Une mauvaise adéquation peut résulter de multiples facteurs : système de formation inadapté aux besoins de l'économie, Service public de l'emploi défaillant, coûts de mobilité géographique trop élevés (du fait, par exemple, d'un marché du logement trop rigide), etc. Le *chômage d'inadéquation* (*mismatch*) entre l'offre et la demande de travail est la composante du chômage structurel qui traduit la mauvaise qualité du processus d'appariement sur le marché du travail. Selon Sneessens et Shadman-Mehta [1995], l'inadéquation des qualifications (aggravée par la rigidité à la baisse du salaire relatif des travailleurs peu qualifiés) aurait joué un rôle important dans la montée et la persistance du chômage européen des années 1960 à la fin des années 1980, et plus particulièrement en France.

La dynamique du chômage structurel

Le rôle des différents « chocs » qui affectent l'économie. — Les changements de niveau du chômage structurel (d'« équilibre ») dépendent des chocs que subit l'économie. Ces derniers renvoient à des modifications relativement brutales de l'environnement économique qui amènent les agents (ménages et entreprises) à changer leurs comportements. Ces chocs peuvent être de diverse nature.

Certains chocs affectent simplement le chômage conjoncturel : c'est le cas d'un *choc de demande*. Celui-ci résulte d'un événement qui amène les ménages à ajuster (à la hausse ou à la baisse) leur niveau de consommation, sans que le niveau initial des prix se soit modifié. Par exemple, fin 2008, le rationnement brutal du crédit suite à la crise financière a constitué un choc de demande négatif. Pour faire face à ce type de choc, la politique keynésienne de soutien à la demande est adéquate.

Un *choc d'offre* désigne un changement qui entraîne une augmentation des coûts de production des entreprises et donc (toutes choses égales par ailleurs) une baisse de leur rentabilité — et, par là, les amène à limiter leur offre de biens et services. Réagir par une relance de la demande dans ce cas est inadapté : celle-ci risque de se traduire avant tout par de l'inflation (d'autant plus vite que les salaires s'ajusteront rapidement aux prix, si du moins les entreprises ont une certaine marge pour augmenter ces derniers) sans baisser le chômage. Les premier et second chocs pétroliers (1973 et 1979), s'ils ont ponctionné le pouvoir d'achat des ménages, ont surtout constitué des formidables chocs d'offre. La situation de stagflation qui a caractérisé cette période, se traduisant par la croissance parallèle de l'inflation et du chômage, peut être interprétée comme le signe d'une augmentation du chômage naturel (identifié ici au « NAIRU ») [Bruno et Sachs, 1985]. De fait, un choc d'offre doit se traduire par une hausse du chômage d'équilibre s'il n'est pas compensé par une baisse (ou une moindre hausse) du salaire réel. Remarquons qu'une modification brutale de politique économique peut aussi engendrer un choc : ainsi, l'adoption aux États-Unis à partir de 1979 d'une politique monétaire très restrictive pour juguler l'inflation a entraîné une forte hausse des taux d'intérêt réel qui a fortement pesé sur la rentabilité financière des entreprises.

Chocs de demande et chocs d'offre constituent des « chocs agrégés » qui affectent l'ensemble de l'économie. Ils se distinguent des *chocs de réallocation* — tels qu'un choc technologique, ou l'ouverture à la concurrence internationale — qui touchent plus particulièrement certaines professions, certains secteurs ou certaines régions, obligeant par là à des réallocations de travailleurs et d'activités. De tels chocs peuvent engendrer du chômage d'inadéquation, et par là aussi augmenter le chômage d'équilibre (voir encadré 5).

Du chômage conjoncturel au chômage structurel. — Même si le chômage peut être d'origine conjoncturelle (découlant par exemple d'un ralentissement temporaire de l'activité), ce dernier peut se transformer en chômage de nature structurelle. C'est le phénomène d'*hystérèse* [Blanchard et Summers, 1988] — ce terme, emprunté à la physique, désignant la persistance d'un phénomène alors que les causes initiales qui l'ont fait apparaître ont disparu. Plusieurs facteurs peuvent être à l'origine d'un tel processus.

L'hystérèse peut d'abord découler des modalités de formation des salaires. Si les salariés en place, les *insiders*, sont relativement indifférents au sort des chômeurs, les *outsiders* (voir encadré 3), lorsque l'activité repart, ils vont négocier des hausses de salaires, au détriment d'un accroissement de l'emploi. L'hystérèse peut ensuite être liée au fait que, quand le chômage augmente, au bout d'un certain temps, la part des chômeurs de longue durée peut elle-même s'accroître. Or ces derniers peuvent se décourager et rechercher moins activement un emploi (ce qui accroît le

Encadré 5. Appariement et chômage d'équilibre

Le processus continuel d'appariement sur le marché du travail fait qu'il coexiste toujours un certain niveau d'emplois vacants (V, pour *job vacancies*) avec un certain niveau de chômage (U, pour *unemployment*). Les deux variables sont corrélées négativement : moins les entreprises offrent d'emplois, plus le chômage est important (et en même temps plus le chômage est important, moins les entreprises ont de difficultés à pourvoir les emplois vacants). Symétriquement, chômage bas et emplois vacants nombreux auront tendance à coexister. Cette relation est représentée par la *courbe de Beveridge* (UV) (voir schéma 4). La proximité de la courbe UV par rapport aux axes est une indication de l'efficacité de l'appariement : ainsi, dans la situation représentée par la courbe UV_1, quel que soit le niveau de chômage, le nombre d'emplois qui n'ont pas été pourvus est inférieur à celui dans la situation représentée par la courbe UV_2.

Lorsque le taux de chômage s'accroît, les salaires réels tendent à être plus faibles et les emplois vacants trouvent plus facilement preneurs, ce qui peut inciter les entreprises à offrir plus d'emplois vacants. Cette relation, cette fois-ci positive entre U et V, peut être représentée par la courbe VS (*job vacancies supply*) — en reprenant, de façon très simplifiée, la formulation initiale de Pissarides [1990]. L'offre d'emplois vacants dépend évidemment de tout un ensemble de facteurs autres que U : ces facteurs vont déterminer la position de la courbe VS dans l'espace [U, V]. Tous les facteurs qui ont un impact sur les coûts réels des entreprises (et, en premier lieu, sur le niveau de salaire réel) jouent ici un rôle déterminant (voir encadrés 3 et 4) : VS est une forme réduite des équilibres WS/PS.

L'intersection entre les deux courbes détermine les valeurs d'équilibre (U*, V*). Le rapport, à un moment donné, entre les emplois vacants (V*) et le chômage (U*) est l'*indicateur de tension* sur le marché du travail : $\theta = V^*/U^*$; plus θ est élevé, plus les entreprises ont des difficultés à pourvoir les postes vacants.

Cette approche permet de modéliser les effets sur l'offre d'emplois vacants et le processus d'appariement de différents facteurs — « toutes choses égales par ailleurs ».

Ainsi, une moindre efficacité du système de formation (produisant des compétences non adaptées aux attentes des entreprises) ou du Service public de l'emploi (qui met en relation chômeurs et emplois vacants) se traduit par une moindre qualité du processus d'appariement — entraînant par exemple un déplacement de la courbe UV de UV_1 à UV_2.

Un système d'indemnisation plus généreux peut affecter aussi bien le processus d'appariement (et donc la position de la courbe UV), si les chômeurs réduisent leur intensité de recherche d'emploi et restent plus longtemps au chômage, que l'offre d'emplois vacants (*via* les mécanismes de négociations salariales et de salaire d'efficience — voir encadrés 3 et 4).

Le pouvoir de négociation des salariés (lié à la force des syndicats, ou aux protections contre le licenciement dont ils bénéficient...) peut jouer négativement sur l'offre d'emplois vacants, de même que le niveau des taux d'intérêt par exemple, ou encore un facteur entraînant une baisse de la productivité moyenne du travail non accompagnée d'une baisse du salaire réel.

Dans une perspective plus dynamique, un tel schéma permet aussi de représenter la conséquence des différents

Schéma 4. **Le modèle Beveridge-Pissarides**

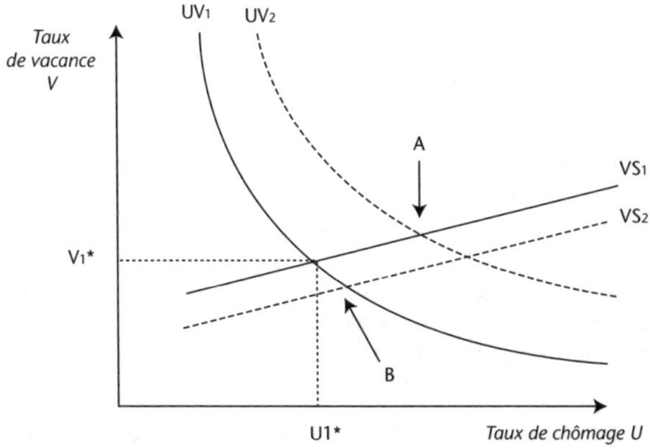

chocs qui peuvent affecter l'économie. Ainsi, un *choc de réallocation* (entraîné par exemple par un progrès technique biaisé ou l'ouverture à la concurrence internationale) se traduira par un déplacement de la courbe de Beveridge vers la droite (par exemple de UV_1 à UV_2). Ceci pourra refléter l'apparition d'une inadéquation entre qualifications offertes et demandées sur le marché du travail, mais aussi peut-être un déséquilibre géographique, entre régions sinistrées, à fort taux de chômage, et régions dynamiques, où la tension sur le marché du travail est forte. Le passage de UV_1 à UV_2, et au nouveau point d'équilibre A dénote donc l'émergence d'un *chômage d'inadéquation* (*mismatch*) s'ajoutant au *chômage frictionnel* initial, et qui perdurera tant que les ajustements nécessaires n'auront pas eu lieu (formation, mobilité professionnelle, mobilité géographique...).

Un *choc agrégé* (choc d'offre ou demande) se traduira par un déplacement de la courbe VS — par exemple de VS_1 à VS_2, en cas d'un choc négatif, comme un choc pétrolier, une augmentation des taux d'intérêt réel, ou une baisse subite de la consommation des ménages : à niveau de chômage donné, les entreprises offrent moins d'emplois vacants. On se déplace alors le long de la courbe de Beveridge initiale (UV_1) — pour atteindre le nouveau point d'équilibre B.

chômage frictionnel), ou voir leur employabilité diminuer, le capital humain se dégradant au cours du temps (le chômage d'inadéquation s'en trouve alors accru). Ces mécanismes auraient joué un rôle important dans certains pays européens (et notamment le Royaume-Uni) au cours des années 1980 [Layard, Nickell et Jackman, 1991].

Ceci souligne combien il peut être dangereux de laisser augmenter le chômage — celui-ci risquant alors de « s'enkyster » dans la société par tout un ensemble de cercles vicieux : perte d'employabilité, découragement, relégation des chômeurs dans des quartiers éloignés de l'emploi, où se cumulent les difficultés économiques et sociales. La politique économique doit donc être réactive, et ne pas laisser la situation de l'emploi se dégrader lors d'un retournement de conjoncture.

Un concept opératoire ? La difficile mesure du chômage d'équilibre

Le grand intérêt de l'approche en termes de chômage d'équilibre est qu'elle a permis de donner un fondement théorique aux déterminants structurels du chômage, et de proposer un cadre relativement unifié pour essayer de comprendre leur rôle respectif. Au niveau empirique, cependant, malgré le raffinement croissant des méthodes économétriques, il est difficile d'estimer le niveau du chômage d'équilibre, dans un pays donné à une période donnée. Il est encore plus délicat de mesurer quelle est la part respective, dans sa détermination, des différents facteurs potentiels qui peuvent l'affecter. Ces difficultés amènent certains à douter du caractère opératoire du concept de chômage d'équilibre (voir Malinvaud [2003] pour une vision sceptique et L'Horty [2005] pour les termes du débat).

De fait, la plupart des institutions qui conseillent ou déterminent directement les politiques économiques (ministères de l'Économie, Banques centrales, institutions internationales comme l'OCDE, le FMI ou la Commission européenne) continuent à essayer de mesurer le chômage structurel en estimant le « NAIRU » — c'est-à-dire en se fondant simplement sur l'évolution comparée du taux de chômage et du taux d'inflation. Pour le cas de la France, il résulte de ces travaux que le chômage structurel aurait augmenté continûment de la seconde moitié des années 1970 au milieu des années 1990 (pour atteindre plus de 10 %), avant de décroître jusqu'à environ 8 %

en 2007 [Renne, 2007]. Si la dynamique des salaires a joué un rôle important au cours des années 1970 (nous y reviendrons dans le chapitre suivant), la forte hausse des taux d'intérêt réel — liée à l'adoption de politiques monétaires restrictives pour juguler l'inflation — a été un facteur déterminant de la persistance du chômage à un niveau élevé au cours des années 1980. Celle-ci a en effet ralenti fortement l'accumulation de capital, avec des effets négatifs durables sur les niveaux de production et d'emploi. À partir du milieu des années 1990, une conjonction de facteurs — baisse des taux d'intérêt réel, baisse du coût relatif du travail peu qualifié lié aux exonérations de cotisations sociales (voir chapitre IV), baisse du prix relatif des matières premières importées... — a favorisé la baisse du chômage structurel.

Cependant, si on connaît à peu près les grandes évolutions du chômage structurel dans le passé, l'estimation de son niveau à chaque période reste relativement imprécise. Par exemple, pour un taux de chômage global de 8,7 % fin 2006 en France, le taux de chômage structurel (identifié au « NAIRU ») était estimé à 8,3 % — mais avec un intervalle de confiance à 90 % compris entre 7,2 % et 9,4 %, soit une marge relativement importante. Les estimations dépendent de plus des méthodes utilisées. Comme en outre le chômage structurel présent est estimé à partir des évolutions passées du chômage et de l'inflation, ceci peut amener, dans des environnements très changeants, à le surestimer ou sous-estimer de façon importante. Ainsi par exemple au début des années 1990, selon les estimations de la Banque centrale américaine (la Fed) établies à partir des évolutions du chômage et de l'inflation constatées au cours des années 1980, le NAIRU se situait, aux États-Unis, entre 6 % et 6,2 %. Quand le chômage a commencé à descendre en dessous de ce seuil à partir de 1994, de nombreux économistes de la Fed ont plaidé pour une politique monétaire plus restrictive, par crainte de l'inflation. Les conseillers du gouvernement étaient au contraire pour leur part persuadés que le NAIRU était plus bas, du fait de transformations structurelles importantes et rapides depuis les années 1980 (hausse du niveau d'éducation, hausse de la concurrence liée à la dérégulation, flexibilité accrue du marché du travail due à l'affaiblissement des syndicats, croissance de la productivité liée aux innovations techniques...). La Fed n'a finalement pas augmenté ses taux d'intérêt, et le chômage a baissé continûment pour passer sous la barre des 4 % à la toute fin des années 1990, sans créer de tensions inflationnistes : le NAIRU avait donc bien été fortement surestimé [Stiglitz, 2003, chapitre 3].

Au total, l'imprécision dans l'estimation du niveau du chômage structurel et le fait qu'il bouge au cours du temps sous l'effet de multiples facteurs ouvrent la voie à des débats récurrents sur la nature du chômage. S'opposent notamment ceux qui pensent que ce dernier est avant tout la conséquence de facteurs structurels (en se focalisant généralement, comme on va le voir dans le chapitre suivant, sur les institutions du marché du travail) et ceux qui pensent au contraire qu'il découle en grande partie de politiques macroéconomiques conjoncturelles inadéquates.

Le rôle des grandes mutations structurelles : le progrès technique et la mondialisation

Les analyses précédentes permettent de mieux comprendre les effets sur l'emploi et le chômage des grandes mutations structurelles qui ont affecté les pays industrialisés. Nous étudierons successivement l'impact du progrès technique et celui de la mondialisation.

Le progrès technique

Croissance, gains de productivité, créations d'emploi. — Défini au sens large, le progrès technique recouvre l'ensemble des innovations techniques et organisationnelles qui augmentent la productivité des facteurs de production (travail et capital). Pour analyser la relation sur long terme entre la croissance économique, les gains de productivité et l'évolution de l'emploi, on peut partir de l'équation suivante :

$Y = Prt \times N$, (1) où Y désigne la production, Prt la productivité moyenne par travailleur (« productivité par tête »), et N le nombre de travailleurs en emploi (ou encore, pour simplifier : le nombre d'emplois). Cette équation découle simplement de la définition de la productivité ($Prt = Y/N$).

Par approximation (pour des petites valeurs), on peut déduire de l'équation (1) une deuxième relation : $\dot{Y} = \dot{P}rt + \dot{N}$ (où $\dot{X}$ désigne le taux de croissance de la variable X), ou encore : $\dot{N} = \dot{Y} - \dot{P}rt$ (2).

On pourrait déduire de cette équation que plus les gains de productivité ($\dot{P}rt$) sont importants, plus la croissance de l'emploi ($\dot{N}t$) est faible. Le progrès technique serait donc l'ennemi de l'emploi. Ceci peut être vrai au niveau d'une entreprise ou d'un secteur : même si de forts gains de productivité se traduisent par une baisse du prix de vente, il se peut que la demande du produit concerné ne croisse pas suffisamment pour compenser ces gains de productivité (on a alors $\dot{Y} < \dot{P}rt$) et que l'emploi diminue ($\dot{N} < 0$). C'est par exemple ce qui s'est passé avec le secteur agricole pendant les trente glorieuses dans les pays industrialisés : du fait d'une relative saturation progressive des besoins, la demande (déterminant $\dot{Y}$) a progressé beaucoup moins vite que les formidables gains de productivité liés à la mécanisation, l'usage d'engrais, etc., et au total l'emploi agricole a fortement diminué.

Cependant, au niveau macroéconomique pour l'ensemble de l'économie, on ne constate pas que le processus continu de progrès technique se soit traduit par une baisse du niveau d'emploi. Le progrès technique engendre des gains de productivité qui entraînent soit une augmentation des salaires des travailleurs des secteurs concernés, soit une baisse du prix des produits de ces secteurs — et plus généralement, les deux à la fois. On a donc une création de pouvoir d'achat, pour les salariés concernés (*via* l'*effet revenu*) et/ou pour l'ensemble des consommateurs (*via* l'*effet prix*). Une partie de ce pouvoir d'achat, et même, à terme, la majeure partie, se reporte sur les produits des autres secteurs. Ainsi, à long terme, les gains de productivité dans l'agriculture ont permis une élévation du pouvoir d'achat qui s'est répercutée non seulement sur la demande de biens agricoles mais aussi et surtout sur celle des biens industriels. L'industrie a aussi connu de forts gains de productivité. Une part croissante des gains de pouvoir d'achat engendrés s'est elle-même reportée, sur la demande des services. La croissance de la productivité comparée à celle de la production étant beaucoup plus importante dans l'industrie que dans les services, les emplois du premier secteur ont vu leur part dans l'emploi total baisser — et même leur nombre absolu, à partir des années

1970 —, alors que la part des emplois du second n'a cessé de croître : les emplois du secteur industriel se sont « déversés » dans le secteur des services [Sauvy, 1980].

En fait, sur longue période, le lien entre le taux de croissance annuel du PIB ($\dot{Y}$) et le taux de croissance annuel moyen de l'emploi ($\dot{N}$) est variable selon les périodes et selon les pays. Le tableau 9 retrace l'expérience de la France depuis la Seconde Guerre mondiale.

Tableau 9. **Taux de croissance annuels moyens du PIB, de la productivité et de l'emploi en France (1950-2007)**
(en %)

	1950-1974	1975-1989	1990-2007
PIB ($\dot{Y}$) (hors services immobiliers)	5,3	2,4	1,9
Productivité par tête ($\dot{P}rt$)	4,8	2,2	1,1
Emploi ($\dot{N}$)	0,5	0,2	0,9

Source : Insee, *Comptes nationaux*, base 2000.

On constate que la France, comme la plupart des autres pays européens, a connu une forte baisse des gains de productivité à partir du milieu des années 1970 suite au premier choc pétrolier. Ceci découle en partie du ralentissement du progrès technique, lié notamment à un essoufflement du processus de rattrapage des États-Unis, dont l'importation des méthodes de production et d'organisation avait joué un grand rôle dans la forte croissance de la productivité au cours des trente glorieuses. Ce fort ralentissement des gains de productivité peut être interprété comme un *choc d'offre* (voir plus haut) : les hausses de salaires réels ne s'étant pas ajustées sur les faibles gains de productivité, la rentabilité des entreprises s'est dégradée, le taux de croissance de l'emploi ($\dot{N}$) a fortement diminué et le chômage a augmenté (hausse du *chômage d'équilibre*).

Si on compare la France à un pays comme les États-Unis, on s'aperçoit que, au cours des décennies 1970 et 1980, ce n'est pas le taux de croissance du PIB qui explique la bien meilleure performance américaine en termes de création d'emplois — la fameuse *great job machine* — avec un taux de croissance annuel moyen de l'emploi de 2,1 % contre 0,5 % en France sur la période 1971-1980, et de 1,8 % contre 0,2 % sur la période

1981-1990. En effet, sur l'ensemble de la période, le taux de croissance annuel moyen de l'économie a été en moyenne du même ordre, et même légèrement supérieur, en France (2,7 % aux États-Unis contre 3,3 % en France sur la période 1971-1980, et 2,7 % contre 2,4 % sur la période 1981-1990). Les gains de productivité ont donc été moins importants aux États-Unis qu'en France. La croissance y a été « plus riche en emplois ». Cela signifie-t-il que le progrès technique a été moins intense aux États-Unis ? En fait, les gains de productivité mesurés au niveau macroéconomique ($\dot{P}rt$) ne dépendent pas seulement du progrès technique *stricto sensu* (innovations techniques et organisationnelles), mais plus largement de la modification de la structure des activités et des emplois dans l'économie. La plus forte *richesse en emplois* de la croissance aux États-Unis découle notamment de la forte création d'emplois peu qualifiés et peu rémunérés dans des activités de services (par exemple les *fast-foods*).

En d'autres termes, le processus de « déversement » vers les emplois de services (selon le mécanisme évoqué plus haut) a été plus intense au cours de cette période aux États-Unis qu'en France. Ceci ne peut pas s'expliquer seulement en termes de retard des modes de consommation en France. Certains font l'hypothèse que le déversement aurait été entravé par le coût du travail trop élevé en France (du fait du niveau élevé du SMIC en termes relatifs) — ce qui expliquerait notamment le déficit d'emplois dans les activités intensives en travail, comme les services aux particuliers (nous reviendrons sur ce point dans le chapitre suivant). On peut de fait constater que, sur la période 1990-2007, la croissance française est devenue beaucoup plus riche en emplois, avec un taux de croissance annuel moyen de l'emploi même supérieur à celui des trente glorieuses (0,9 % contre 0,5 %), malgré un taux de croissance de l'économie nettement plus faible (1,9 % contre 5,3 %). Cette période coïncide avec la mise en place de politiques de réduction du coût du travail peu qualifié — mais aussi de la réduction du temps de travail (voir chapitre IV).

Réallocation des emplois et progrès technique biaisé en défaveur de certaines catégories de main-d'œuvre. — Ce n'est pas seulement entre l'agriculture, l'industrie et les services que le progrès technique réalloue les emplois, mais au sein de chaque secteur — et même sous-secteur, comme le montre l'analyse des flux de créations et destructions d'emplois. Joseph Schumpeter a souligné combien le capitalisme était soumis à un processus incessant de destruction créatrice. Même si le progrès technique est plus intense à certaines périodes qu'à d'autres, il est incessant, du fait de l'aiguillon de la concurrence.

Une autre caractéristique du progrès technique est qu'il peut changer de nature au cours du temps, et qu'il n'affecte pas de façon égale toutes les activités et toutes les catégories de main-d'œuvre. Les pays industrialisés ont connu une vague importante d'innovations techniques et organisationnelles à partir des années 1970, avec l'intégration des nouvelles technologies de l'information et de la communication (TIC) — notamment l'informatique — dans les processus de production, et l'adoption concomitante de nouvelles formes d'organisation du travail, rompant avec le taylorisme. Ces nouveaux processus de production exigent des travailleurs plus qualifiés : selon la terminologie des économistes, le progrès technique aurait été « biaisé » en défaveur du travail peu qualifié [Acemoglu, 2002]. Un progrès technique est « biaisé » en défaveur d'un facteur de production s'il diminue sa productivité relative (c'est-à-dire sa productivité comparée à celle des autres facteurs) et amène donc les entreprises, à coût relatif des facteurs inchangé, à utiliser moins de ce facteur.

De nombreux travaux tendent à montrer qu'on aurait là la cause de la dégradation de la situation des travailleurs peu qualifiés, qui aurait pris des formes différentes selon les pays [Krugman, 1995]. Dans les pays anglo-saxons, et en premier lieu les États-Unis, où le marché du travail est très flexible, elle s'est traduite par une baisse de leurs salaires (en termes relatifs et même absolus), entraînant une très forte augmentation des inégalités. Dans les pays d'Europe continentale, et notamment en France, où les salaires sont plus rigides à la baisse, l'augmentation des inégalités a été limitée, mais la dégradation s'est traduite par une augmentation du chômage relatif des moins qualifiés. Même si beaucoup d'économistes s'accordent sur la réalité de ce phénomène, son ampleur et sa part dans l'explication notamment de la montée des inégalités entre qualifiés et non-qualifiés a suscité beaucoup d'études et reste sujet à débat. D'après l'étude de Goux et Maurin [1997] pour la France, si effectivement le recours à l'informatique augmente la proportion de cadres et de professions intermédiaires dans l'emploi, d'autres innovations (robots, machines à commande numérique, télésurveillance) tendent à la diminuer. Aux États-Unis, il semblerait que, depuis la seconde moitié des années 1990, le phénomène touche désormais davantage les postes de qualification intermédiaires [Autor, Katz et Kearnay, 2006] : grâce aux TIC (et notamment Internet), les entreprises peuvent délocaliser de nombreuses activités, telles que les centres d'appels, la comptabilité... Progrès technique et mondialisation s'articulent donc de façon étroite.

Le progrès technique semble avoir été biaisé aussi en défaveur des salariés âgés. Ces derniers sont moins formés que les jeunes aux TIC. Mais, de plus, celles-ci, associées à l'adoption croissante de normes de qualité (normes ISO notamment), ont entraîné dans de nombreuses entreprises un processus de codification des connaissances et de standardisation des procédures. Les savoirs « tacites » et, de façon plus générale, le *capital humain spécifique*, qui constitue l'avantage comparatif des salariés âgés par rapport aux plus jeunes, s'en sont trouvés dévalorisés [Gautié, 2005]. De fait, certains travaux empiriques mettent en lumière une corrélation négative, au niveau des entreprises, entre le recours aux innovations techniques et organisationnelles et l'emploi des seniors [Aubert, Caroli et Roger, 2006 ; Behaghel, 2005].

Au total, les vagues de progrès technique constituent bien des *chocs de réallocation* — entre entreprises, secteurs, qualifications — qui peuvent entraîner un *chômage d'inadéquation* plus ou moins durable selon les capacités d'adaptation des pays.

La mondialisation

Les effets de la mondialisation sur l'emploi font aussi l'objet de nombreuses craintes et débats — pour une synthèse, voir Cardebat [2002]. La mondialisation est en fait multidimensionnelle : elle affecte la circulation des biens et services, mais aussi celle des capitaux et des travailleurs.

Un effet direct du commerce international sur l'emploi global relativement modéré. — L'impact du commerce international sur l'emploi d'un pays est souvent évalué à partir de la méthode de la « balance d'emplois ». Elle consiste à calculer la différence des contenus en emplois (en montant et par qualifications) des importations et des exportations. Pour les importations, on calcule par type de produits (par exemple, les produits textiles) combien il aurait fallu d'ouvriers, d'employés de cadres, etc. en France — en se fondant sur le contenu en emplois des textiles produits en France — pour produire le même montant que celui qui a été importé. Les travaux menés à partir de cette méthode mettent en lumière pour la plupart un impact modéré du commerce international sur l'emploi. Ainsi, pour la France, selon les estimations de Guimbert et Levy-Bruhl [2002], entre 1978 et 1990, les échanges de biens et services auraient coûté en moyenne 40 000 emplois par an, mais entre 1990 et 1997, le solde aurait été excédentaire d'environ 70 000 par an, et aurait même été positif pour tous les secteurs et pour toutes les catégories de main-d'œuvre — y compris donc les travailleurs peu qualifiés. Le défaut de cette méthode est qu'elle repose sur l'hypothèse forte selon laquelle, pour un type de produit donné, les producteurs nationaux qui ont été évincés par les importations avaient la même fonction de production (*i. e.* la même proportion de capital et de travailleurs par catégories de qualifications) que les producteurs nationaux qui subsistent. Or, si on prend par exemple les produits textiles, il est très vraisemblable que ceux qui restent fabriqués en France sont relativement haut de gamme et, de ce fait, plus intenses en capital et travail qualifié que n'étaient les produits français auxquels se sont substitués les produits importés de Chine ou d'Inde. L'impact négatif sur l'emploi (notamment peu qualifié) serait donc sous-estimé. Une autre méthode consiste à raisonner non pas sur des *stocks* mais sur des *flux* d'emplois, en essayant de relier, au niveau sectoriel, les *destructions d'emplois* aux *variations* des importations. Utilisant cette méthode pour la France, Barlet *et al.* [2007] estiment les destructions annuelles d'emplois du fait des échanges internationaux à environ 20 000 sur la période 2000-2004 — soit, chaque année, une perte équivalente à environ 0,13 % de l'emploi du secteur privé, ce qui confirmerait un impact relativement modéré.

Mais le commerce international n'est pas le seul vecteur des effets de la mondialisation. Les délocalisations, qui désignent le transfert à l'étranger d'activités de production, suscitent aussi beaucoup d'inquiétude. Il semblerait cependant que leur impact sur l'emploi ait été jusqu'ici relativement limité : selon les estimations de Barlet *et al.* [2007], elles auraient entraîné des pertes annuelles moyennes d'emplois en France de l'ordre de

13 000 emplois entre 1995 et 1999, et de l'ordre de 15 000 entre 2000 et 2003. Même si le montant des délocalisations semble avoir légèrement augmenté depuis la seconde moitié des années 1990 (et notamment vers les pays émergents, dont la part dans les emplois délocalisés passe de 37 % à 57 % entre les deux sous-périodes), il reste donc somme toute modéré — les pertes annuelles équivalent à environ 0,1 % de l'emploi du secteur privé.

Mondialisation et réallocation des emplois. — Il ne faut pas s'en tenir aux seuls effets négatifs *directs* sur l'emploi de la mondialisation (*via* la substitution d'importations à des produits nationaux et les délocalisations). Sans même prendre en compte le fait que les partenaires internationaux, tirant des gains positifs de l'échange, voient leur revenu augmenter et donc peuvent devenir eux-mêmes clients du pays importateur (effet *indirect* positif), il convient de bien saisir, pour ce dernier, les avantages qu'il tire de ses importations. Importer signifie, dans de nombreux cas, se procurer à l'étranger des produits moins chers. Si par exemple, grâce aux importations chinoises, le prix de nombreux produits manufacturés baisse (et même fortement), l'augmentation du pouvoir d'achat qui en résulte pour le consommateur ne va pas être consacrée entièrement à l'augmentation de la consommation de ces produits. En termes économiques, pour la plupart de ces produits, l'*élasticité prix de la demande* est inférieure à 1 (en valeur absolue) : si les prix des vélos, des radios, chemises... baissent de 50 %, les consommateurs ne vont pas forcément en acheter deux fois plus. Ils vont donc reporter le surcroît de pouvoir d'achat vers d'autres produits, et notamment des services produits nationalement Ceci contribue à créer des emplois nationaux, qui peuvent même plus que compenser les pertes d'emplois dans les secteurs concurrencés.

Comme le progrès technique, l'ouverture à la concurrence internationale n'affecte donc pas l'ensemble des secteurs et des travailleurs de la même façon : elle peut donc être assimilée aussi — dans certaines de ses dimensions — à un choc de réallocation. Ainsi, les secteurs de l'habillement et du cuir, et le secteur du textile ont perdu chaque année entre 2 % et 2,5 % de leur emploi sur la période 2000-2004, ce qui est loin d'être négligeable [Barlet *et al.*, 2007]. La concurrence des pays à bas salaires peut s'interpréter comme un choc négatif sur la demande de travail peu qualifié. Cette concurrence semble s'être accrue depuis la fin des années 1990 aux États-Unis et en Europe, comme en atteste l'augmentation de la part dans les échanges du commerce interbranches (c'est-à-dire de produits différents, comme par exemple des Airbus français contre du textile chinois). Cette part avait baissé continûment depuis la fin des années 1960 (passant pour les États-Unis et l'Union européenne d'environ 45 % en 1968 à 25 % au milieu des années 1990) [Delozier et Montout, 2007]. La montée en puissance de la Chine dans le commerce mondial a joué un rôle important dans cette inversion de tendance.

Le commerce intrabranche (c'est-à-dire l'échange de produits similaires, par exemple des automobiles françaises contre des automobiles italiennes) reste majoritaire dans les pays industrialisés. Mais il entraîne lui aussi des réallocations dans l'économie, car il se traduit par une concurrence accrue pour les producteurs nationaux [Rodrik, 1997]. Celle-ci s'exerce sur les marchés de biens manufacturés, mais aussi de façon croissante, du fait de la déréglementation avec laquelle elle est allée de pair (dans les transports, les télécommunications, la finance…), sur ceux des services et des capitaux. Elle accroît aussi la nécessité d'innover en permanence : de ce point de vue, l'effet de la mondialisation des échanges passe aussi, et peut-être surtout, par l'effet induit sur le progrès technique [Terfous, 2006].

Quel impact de l'immigration ? — La mondialisation peut affecter aussi directement les marchés du travail par le biais des flux migratoires. Si on ne constate pas de relation à long terme et au niveau global entre population active et chômage (voir encadré 6), il se peut qu'à court et moyen termes, certaines catégories de travailleurs soient plus affectées que d'autres, *via* le processus de concurrence, pour accéder à l'emploi. On peut en effet déduire d'une analyse simple en termes d'offre et de demande que, à court terme, un afflux d'immigrés devrait avoir un impact négatif sur le marché du travail peu qualifié, en termes de baisse du salaire et/ou de l'emploi — cet afflux se traduisant par un déplacement de la courbe d'offre vers la droite, par exemple de O_1 à O_2 (schéma 2, encadré 2). Cette approche, en termes d'équilibre partiel sur le marché du travail, ne prend cependant pas en compte tous les effets induits par l'immigration (en termes de demande et donc de production accrues). De plus, il se peut que l'immigration se substitue à une délocalisation qui aurait lieu en son absence.

Les études empiriques débouchent en fait sur des résultats contrastés. L'étude de certains événements historiques tend à montrer que, même dans un terme relativement court, un afflux massif d'immigrés peut dans certaines circonstances n'avoir qu'un effet modéré sur le marché du travail. Ainsi, en France, l'impact du rapatriement de 900 000 Français d'Algérie en 1962 s'est résorbé en quelques années [Hunt, 1992]. De même, l'afflux massif de réfugiés cubains en Floride, à la suite de l'« exode de Mariel » au début des années 1980, s'est traduit par une forte augmentation du taux de chômage dans les quelques mois qui ont suivi, mais ce dernier est retombé très rapidement à son niveau antérieur [Card, 1990]. Beaucoup d'immigrés ont en effet pu trouver un emploi dans le secteur textile — grâce à la mobilisation très rapide de capitaux dans ce secteur.

Cependant, de façon plus générale, l'ampleur et la persistance de l'impact de l'immigration, notamment sur le marché du travail peu qualifié, restent sujettes à débat, notamment aux États-Unis. Alors que certaines études ne décèlent pas d'impact négatif significatif [Card, 2005], d'autres au contraire mettent en évidence des effets importants, en termes de baisse des salaires et d'opportunités d'emploi pour les autochtones peu qualifiés — et notamment les Noirs [Aydemir et Borjas, 2006 ; Borjas *et al.*, 2006]. L'expérience du Royaume-Uni, où l'immigration s'est très fortement accrue depuis la seconde moitié des années 1990, semble indiquer que, si effectivement l'impact sur le chômage global semble relativement faible voire inexistant, les nouveaux immigrés, même s'ils sont relativement diplômés, concurrencent de façon importante à court terme les autochtones non qualifiés et les autres immigrés récemment installés [Dustman *et al.*, 2008].

En fait, il est vraisemblable que les effets de l'immigration dépendent non seulement de la conjoncture mais aussi des modalités de fonctionnement du marché du travail — et donc puissent varier d'une période à l'autre et selon les pays. Ainsi, selon l'étude d'Angrist et Kugler [2003], portant sur l'immigration en provenance de l'ex-Yougoslavie dans les pays d'Europe occidentale (suite aux guerres de Bosnie et du Kosovo), l'impact en termes de chômage semble avoir été variable selon les

Encadré 6. La croissance de la population active : un facteur de chômage ?

Le chômage est simplement, d'un point de vue comptable, la différence entre la population active et l'emploi (U = PA – N). On pourrait en déduire qu'une forte augmentation de la population active doit nécessairement entraîner une hausse du chômage. Ceci aurait pu jouer en France, où notamment le nombre de jeunes entrant chaque année sur le marché du travail a été, en proportion, nettement plus important que dans beaucoup d'autres pays européens, notamment jusqu'au milieu des années 2000. De fait, sur la période 1994-2004, la population active a progressé en moyenne en France de 0,9 % par an, contre 0,7 % en Italie, 0,6 % en Allemagne et au Royaume-Uni, et seulement 0,4 % et 0,3 % respectivement en Suède et au Danemark [OCDE, 2007]. Mais, en même temps, la comparaison avec d'autres pays fait ressortir qu'il n'y a aucune relation directe entre la croissance de la population active et l'évolution du chômage : le taux de chômage a fluctué entre 4 % et 6 % aux États-Unis entre 1994 et 2004 alors qu'ils connaissaient un taux de croissance annuel de la population active de 1,2 %. Sur la même période, des pays comme l'Irlande et l'Espagne ont vu leur chômage fortement diminuer, alors que le taux de croissance annuel de la population active atteignait un taux record au sein des pays de l'OCDE (2,9 %).

Ceci n'empêche pas évidemment qu'à court terme une évolution de la population active puisse avoir un impact mécanique direct sur celle du chômage : ainsi, en France, le ralentissement de la croissance de la population active sur la période 2005-2007 (moins de jeunes entrants et surtout plus de départs à la retraite) a pu aider au reflux du chômage. Mais, même sur cette période, c'est avant tout l'évolution de l'emploi qui a été déterminante. L'existence d'effets de court terme a pu inciter les gouvernements à recourir à des dispositifs de réduction de la population active comme les préretraites (voir chapitre IV), en espérant que la baisse du taux d'emploi des âgés favoriserait l'emploi des jeunes. Mais, en fait, quand on compare les pays industrialisés, on constate que la corrélation est plutôt inverse : ce sont ceux qui, comme le Danemark, la Suède ou le Royaume-Uni, ont les taux d'emploi des travailleurs âgés les plus élevés qui tendent aussi à avoir les taux d'emploi des jeunes les plus élevés. Les politiques « malthusiennes » de réduction de la population active ne semblent donc pas avoir d'impact sur le chômage à moyen terme.

contextes nationaux. Cet impact aurait été plus important à moyen terme dans les pays où les marchés du travail sont plus fortement régulés (salaire minimum élevé, forte protection de l'emploi...) et où les barrières à l'entrée sur les marchés des produits (liées notamment aux lourdeurs administratives pour créer de nouvelles activités) sont élevées. Ces résultats nécessiteraient cependant d'être corroborés par d'autres études.

III / Les performances nationales en termes de chômage : quel rôle des institutions du marché du travail ?

Lorsque l'on procède à une comparaison internationale des performances en termes de chômage, un constat s'impose : les pays industrialisés ont connu, depuis le milieu des années 1980, des situations contrastées (voir graphique 3).

Graphique 3. **Taux de chômage standardisés dans les pays de l'OCDE (1986-2007)**

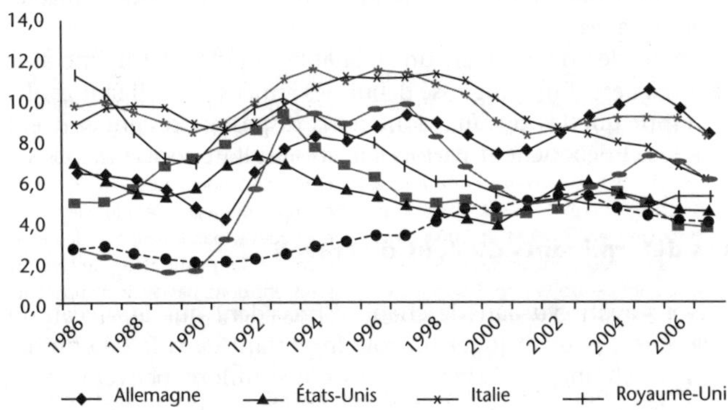

Source : OCDE. Allemagne de l'Ouest seule jusqu'en 1990 ; Allemagne réunifiée à partir de cette date.

Le fait que dans plusieurs pays européens, parmi lesquels la France, le chômage soit resté nettement et durablement plus élevé qu'aux États-Unis et au Japon a incité certains analystes à évoquer l'« eurosclérose » dès le milieu des années 1980. Certaines institutions du marché du travail commencent alors à être mises en cause, et apparaissent des travaux essayant de mettre en lumière leur rôle respectif dans la détermination du « chômage d'équilibre » [Layard, Nickell et Jackman, 1991]. En 1994, dans un rapport influent, l'OCDE invite les pays européens à procéder à des réformes structurelles de leur marché du travail pour faire baisser le chômage [OCDE, 1994].

Les institutions renvoient, au sens large, à l'ensemble des lois, règles et normes qui interfèrent avec le libre fonctionnement des marchés, et en premier celui du travail. Les débats se sont focalisés plus particulièrement sur trois types d'institutions que nous étudierons successivement : les modalités de détermination du salaire (syndicats et négociations collectives, salaire minimum...), les modes d'indemnisation du chômage et les règles de protection de l'emploi. Au-delà de l'évaluation de l'impact isolé de telle ou telle institution, nous verrons qu'il est nécessaire d'adopter une démarche *systémique* et *globale* — prenant en compte à la fois les *complémentarités institutionnelles* et l'*interaction* entre les institutions et les chocs macroéconomiques.

Avant de commencer, un préalable important : même si le savoir a beaucoup progressé depuis les années 1980, il faut garder à l'esprit que les travaux dont nous disposons restent souvent fragiles et débouchent parfois sur des résultats contradictoires.

Les déterminants du coût du travail

Nous avons vu dans le chapitre précédent que le niveau du salaire réel pouvait jouer un rôle important dans la détermination du chômage. Plusieurs types d'institutions peuvent intervenir ici.

Le rôle du salaire minimum

Controverses sur le lien salaire minimum/emploi. — L'idée selon laquelle un salaire minimum peut nuire à l'emploi est ancienne et découle du modèle standard en termes d'offre et demande (voir encadré 2, chapitre II). Elle a cependant été mise à mal par l'expérience de certains pays industrialisés depuis le début des années 1980. Ainsi, aux États-Unis, la forte baisse du salaire minimum fédéral en termes réels de la fin des années 1960 à la fin des années 1980 (il perd environ un tiers de sa valeur entre 1968 et 1989) puis sa forte augmentation au début des années 1990 (+ 16 % entre 1989 et 1991 en termes réels) ne semblent avoir eu aucun impact significatif sur l'emploi, et notamment celui des jeunes [Card et Krueger, 1995]. Plus récemment, au Royaume-Uni, l'instauration d'un salaire minimum national en 1999 puis son augmentation soutenue jusqu'à la seconde moitié des années 2000 (plus 33 % en termes réels entre 2000 et 2007) ne semblent pas avoir non plus d'effet négatif sur l'emploi [Metcalf, 2007].

Cependant, d'autres résultats ont montré que, au moins à certaines périodes et dans certains pays, le salaire minimum pouvait nuire à l'emploi [Neumark et Wascher, 2006]. Abowd *et al.* [2000] ont par exemple montré que les salariés « rattrapés » par le salaire minimum lors des hausses de ce dernier (c'est-à-dire qui gagnaient avant la hausse un salaire compris entre l'ancien salaire minimum et le nouveau) voyaient leur probabilité de perdre leur emploi sensiblement augmenter en France, mais pas aux États-Unis.

À la recherche du niveau optimal du salaire minimum. — Comment expliquer ces résultats semble-t-il contradictoires ? Il faut d'abord souligner que le fait que le salaire minimum puisse ne pas avoir d'impact négatif — voire avoir un impact positif — sur l'emploi peut trouver un fondement théorique, à condition de sortir du modèle « walrassien » de concurrence dite « parfaite » (illustré par le schéma 2, encadré 2, chapitre II). Si on se réfère à la *théorie du salaire d'efficience* — voir chapitre précédent —, une hausse du salaire (W), si celui-ci est en dessous de son niveau d'efficience, peut réduire le coût unitaire en travail (W/Pr) *via* l'augmentation de la productivité (Pr), du fait de l'accroissement de la motivation, de la diminution des coûts de rotation... Il peut même en résulter une augmentation des embauches.

Mais un autre mécanisme semble aussi jouer un rôle important : l'*effet de monopsone*. Le monopsone désigne la situation de marché où il y a un seul acheteur (ici, une entreprise qui demande du travail) faisant face à une multitude de vendeurs (les personnes désirant travailler). On peut montrer que l'entreprise peut alors fixer un niveau de salaire en dessous de sa valeur walrassienne correspondant à la productivité marginale : en d'autres termes, elle « exploite » les travailleurs. Dans ce cas, l'instauration d'un salaire minimum peut accroître le salaire sans nuire à l'emploi [Manning, 2003]. La situation de monopsone pur sur le marché du travail est très rare ; cependant, beaucoup de situations réelles peuvent s'en rapprocher. En effet, de nombreux travailleurs (immigrés, femmes peu qualifiées avec enfants en bas âge, jeunes sans moyens de transport...) ont des opportunités d'emploi très réduites, et donc un pouvoir de négociation individuel très faible face à un éventuel employeur. De fait, l'expérience montre qu'au Royaume-Uni l'instauration et les hausses du salaire minimum ont eu pour effet d'augmenter de façon sensible le salaire relatif de nombreuses femmes peu qualifiées sans nuire de façon significative à l'emploi, ce qui laisse penser que l'effet de monopsone joue un rôle important, au moins pour cette catégorie de main-d'œuvre.

Quel que soit le mécanisme (salaire d'efficience, effet de monopsone), il existe cependant un effet de seuil au-delà duquel l'augmentation du salaire peut nuire à l'emploi. Ceci permettrait de mieux comprendre pourquoi un impact négatif a pu être mis en lumière en France : le salaire minimum aurait dépassé le seuil optimal. Il apparaît que celui-ci se définit non pas tant en *termes absolus* (c'est-à-dire en niveau) qu'en *termes relatifs* (c'est-à-dire rapporté au salaire moyen). En effet, quand le coût relatif du travail peu qualifié est élevé, les entreprises ont notamment tendance à lui substituer du travail plus qualifié et du capital. Le fait qu'en 2008 le coût d'une heure de travail au salaire minimum représentait au Royaume-Uni moins de 34 % du coût du travail au salaire moyen, contre 39 % en France, pourrait contribuer à expliquer pourquoi les effets négatifs sur l'emploi y ont été plus limités.

La cause du déficit d'emploi dans les services en France ? — Selon Piketty [1999], la forte hausse du SMIC par rapport au salaire médian en France au cours des années 1970 est corrélée avec une rupture dans la dynamique de création d'emplois dans les services : en d'autres termes, elle aurait entravé le processus de « déversement » des emplois industriels vers ces activités — voir chapitre précédent. Ce déficit d'emplois apparaît plus particulièrement dans les activités de services aux particuliers, et notamment le commerce de détail et l'hôtellerie-restauration, où le nombre d'emplois par tête d'habitant (et même le nombre d'heures travaillées, pour corriger de l'effet du temps partiel) est nettement inférieur en France par rapport aux États-Unis [Cahuc et Debonneuil, 2004 ; Glyn, 2005]. Un coût relatif important du travail peu qualifié expliquerait notamment pourquoi en France, jusqu'aux années 2000, les activités domestiques (cuisine, ménage, jardinage, garde d'enfants...) sont moins externalisées par les ménages sous forme de services marchands. Cependant, le coût du travail ne serait pas la seule cause du déficit d'emplois dans les services : la *réglementation du marché des produits* dans certaines activités, et notamment le commerce de détail, jouerait aussi un rôle non négligeable en France (voir aussi plus bas).

Le coin fiscal

Le système de prélèvements obligatoires peut jouer un rôle important dans la détermination du coût du travail. Le *coin fiscal* désigne la différence entre le coût du travail pour l'employeur et le salaire net des prélèvements obligatoires pour le salarié. La différence entre le coût du travail et le salaire net de cotisations sociales et d'impôt sur le revenu définit le coin fiscal au sens restreint, ou coin fiscal *direct*, au sens de l'OCDE (voir par exemple OCDE [2006, chapitre 3]). Si on ajoute à ces prélèvements les taxes sur la consommation (et notamment la TVA), on obtient le coin fiscal *total*.

En comparaison internationale ou en évolution dans le temps, il n'y a *a priori* pas forcément de relation systématique entre le montant du coin fiscal et le montant du coût du travail : tout dépend dans quelle mesure un coin fiscal supérieur est compensé par un moindre salaire net (de prélèvements). Cette compensation dépend elle-même de comment les salariés considèrent les prélèvements. Ils peuvent les considérer comme une rémunération et une consommation différées : en effet, les prélèvements financent des biens collectifs, ouvrent droit à la retraite, etc. Dans ce cas, un coin fiscal plus élevé devrait se traduire par l'acceptation d'une rémunération nette de prélèvements inférieure. En revanche, s'ils considèrent les prélèvements comme une simple amputation de leur pouvoir d'achat, les salariés chercheront notamment, face à un coin fiscal accru, à obtenir une augmentation de leur rémunération nette pour maintenir leur pouvoir d'achat direct. Une hausse du coin fiscal se répercute alors sur le coût du travail — avec des effets potentiels négatifs sur l'emploi. Il faut noter que, au niveau des moins qualifiés, la compensation par un moindre salaire net peut aussi être entravée par l'existence d'un salaire minimum.

Dans les faits, il semblerait que, dans de nombreux pays, la compensation du coin fiscal par un moindre salaire net soit loin d'être systématique, et plusieurs études économétriques tendent à montrer un impact négatif (en termes de niveau de chômage plus élevé) du coin fiscal [OCDE, 2006].

Le rôle des syndicats et les modalités de négociations salariales

La structure des négociations collectives. — La fixation d'un niveau de salaire réel au-dessus de sa valeur d'équilibre (le « salaire walrassien ») peut aussi découler de l'action des syndicats. Ceci semble avoir été le cas dans de nombreux pays au cours des années 1970, donnant lieu à l'émergence d'un « chômage classique » : alors que les gains de productivité avaient fortement baissé suite au premier choc pétrolier, les salaires réels ont continué à croître de façon importante, entraînant une hausse du chômage (voir chapitre précédent).

Cependant, quand on compare les différents pays au cours de cette période, l'intensité de la pression salariale n'est pas tant corrélée à l'importance des syndicats — mesurée par les taux de syndicalisation — qu'à la structure institutionnelle des négociations collectives [Bruno et Sachs, 1985]. Deux éléments semblent jouer un rôle important. Le premier est le degré de « centralisation », qui renvoie à l'importance relative, dans la détermination des hausses de salaires, des différents niveaux de négociation : niveau national, niveau des branches, niveau des entreprises. La relation entre degré de centralisation et chômage suivrait une courbe en cloche, le chômage étant inférieur dans les configurations centralisées et décentralisées par rapport aux configurations intermédiaires [Calmfors et Driffil, 1988]. En effet, quand ils négocient des hausses de salaires au niveau national, les syndicats sont davantage susceptibles de prendre en compte dans leur revendication le taux de croissance moyen de la productivité dans le pays — comme cela semble avoir été le cas dans les pays scandinaves, et même très explicitement en Suède, jusqu'aux années 1980. Symétriquement, une décentralisation de la négociation serait aussi favorable à la modération salariale — les syndicats au niveau local étant plus sensibles aux pressions que subit leur entreprise. En revanche, la négociation à dominante de branche semble avoir été plus propice à la « dérive salariale ».

Le second facteur est le *degré de coordination* entre les acteurs, notamment au sein des syndicats et des organisations patronales — des syndicats fragmentés et divisés (*i. e.* faiblement « coordonnés »), par exemple, étant plus propices à la surenchère salariale. Plusieurs études empiriques comparatives — et notamment de l'OCDE [Bassanini et Duval, 2006] — mettent en lumière son impact positif sur les taux d'emploi. Elles confirment en même temps qu'il n'y a pas de corrélation significative entre le taux de syndicalisation et le taux de chômage, dans le temps comme en comparaison internationale.

Politique « solidaire » des salaires et taux de chômage relatif. — L'action des syndicats peut aussi avoir des conséquences non seulement sur le taux de chômage global mais sur les *taux de chômage relatif* de certaines catégories de travailleurs. En effet, par souci d'équité, les syndicats peuvent pousser à une compression des écarts de salaires (ce qui renvoie à une forme de « politique solidaire des salaires ») en revendiquant des augmentations du salaire *relatif* des salariés les moins rémunérés — ce qui peut pénaliser l'emploi des travailleurs les moins productifs. Cet effet peut être atténué si certaines catégories de travailleurs (par exemple les qualifiés) sont rémunérées moins que leur productivité moyenne, pour « subventionner », en quelque sorte, d'autres travailleurs qui, eux, le sont plus que leur productivité. Dans certains secteurs, outre les non-qualifiés, les travailleurs âgés ont pu bénéficier d'un tel système. Ainsi, dans de nombreuses grandes entreprises, il était d'usage de réserver des postes moins exigeants, mais en même temps moins productifs, à des salariés en fin de carrière, sans que ceux-ci voient leur salaire baisser proportionnellement à leur productivité. Ce type de subvention « implicite », par opposition aux subventions à l'emploi (« explicites ») des politiques publiques (voir chapitre IV), a cependant eu tendance à disparaître depuis les années 1980, fragilisant l'emploi de ceux qui en bénéficiaient (notamment les salariés âgés) [Gautié, 2004].

Indemnisation du chômage et protection de l'emploi

L'indemnisation du chômage entretient-elle le chômage ?

Des effets supposés négatifs, mais des constats empiriques nuancés. — Dès les années 1930, l'économiste français Jacques Rueff [1931] dénonçait l'indemnisation du chômage comme la cause du haut niveau du chômage au Royaume-Uni. Dans les années 1970, la théorie microéconomique de la « recherche d'emploi » (*job search*), visant à mieux éclairer le chômage frictionnel, composante du chômage « naturel » (voir chapitre II), a introduit la notion de « salaire de réservation » pour analyser l'arbitrage auquel se livre le chômeur. Cette notion désigne le salaire en dessous duquel ce dernier refuse l'emploi proposé. Le niveau du salaire de réservation dépend du montant des prestations hors emploi dont peut bénéficier le travailleur, et en premier lieu l'allocation chômage : plus celle-ci est généreuse, plus le salaire de réservation est élevé, et plus longues seront la recherche d'emploi et donc la durée de chômage (*effet de désincitation*). En même temps, dans les modèles de négociation salariale comme dans ceux des salaires d'efficience, plus le salaire de réservation des travailleurs est élevé, plus le salaire que devront fixer les entreprises l'est aussi (*effet sur le salaire*), avec un impact négatif sur l'emploi (voir encadrés 3 et 4, chapitre II).

Beaucoup de travaux empiriques ont essayé de mettre en lumière un lien entre le chômage et la générosité de son indemnisation. Celle-ci peut s'apprécier en fonction de quatre critères : 1) le *taux de couverture*, qui désigne la part (en %) des chômeurs qui reçoivent une indemnisation ; il est notamment déterminé par les conditions de cotisation préalable (principalement en termes de durée) ; 2) le *taux de remplacement*, qui désigne le rapport (en %) entre l'allocation versée et le salaire que recevait le chômeur quand il occupait son emploi ; 3) la *durée d'indemnisation*, qui, elle aussi, dépend généralement de la durée de cotisation préalable ; 4) enfin, au-delà de l'indemnisation *stricto sensu*, les *contraintes imposées aux chômeurs*, notamment en termes d'emplois « acceptables », et les modalités de contrôle associées.

Au niveau macroéconomique et en comparaison internationale, la plupart des études trouvent un impact significatif de la générosité de l'indemnisation sur le chômage : la durée d'indemnisation ainsi que le taux de remplacement joueraient un rôle important pour expliquer les différences nationales de taux de chômage [Nickell et Layard, 1999 ; Bassanini et Duval, 2006]. Cependant, les résultats de ce type d'études doivent être pris avec beaucoup de précautions (pour une discussion détaillée, voir Howel *et al.* [2007]). D'une part, les indicateurs utilisés de générosité des systèmes nationaux d'indemnisation sont souvent contestables, car ils ont beaucoup de mal à prendre en compte la complexité des systèmes. D'autre part, la corrélation mise en lumière, si elle est valide, peut aussi refléter une *causalité inverse*. En effet, l'expérience de nombreux pays montre que c'est suite à l'augmentation du chômage que la générosité des systèmes d'indemnisation s'est accrue — comme cela a été le cas dans un premier temps en France, suite au premier choc pétrolier.

Étant donné ces difficultés, c'est plutôt au niveau microéconomique qu'il faut essayer de déceler l'impact potentiel de l'indemnisation chômage sur le comportement des chômeurs. Pour ce faire, les études se fondent sur des « modèles de durée », fondés sur la théorie de la recherche d'emploi. Il en ressort qu'une indemnisation généreuse affecte négativement les taux de sortie du chômage et allonge par là la durée du chômage. On constate notamment un pic dans les sorties du chômage lorsque cesse la période d'indemnisation. Cependant, quand on entre dans le détail, on constate que beaucoup de sorties se font vers l'inactivité (chômeurs découragés), et notamment pour les individus les moins qualifiés. L'étude de Dormont, Fougère et Prieto [2001] sur des données françaises confirme l'existence d'un « pic » de taux de reprise d'emploi à l'approche de la fin de la période d'indemnisation. Mais elle tend aussi à montrer que ce sont ceux qui sont le mieux indemnisés (et donc ceux dont le salaire était le plus élevé et, par là, les plus qualifiés et donc les plus « employables ») qui semblent pouvoir le plus facilement « moduler » volontairement leur durée de chômage, en intensifiant notamment leur recherche d'emploi à l'approche de la fin d'indemnisation. En revanche, pour les moins qualifiés, le degré de liberté est beaucoup plus faible, la pénurie d'offres d'emplois étant le facteur déterminant du faible taux de sortie du chômage.

La prise en compte des effets potentiels positifs. — Si la plupart des études s'interrogent sur l'impact potentiellement négatif de l'indemnisation *via* l'éventuelle désincitation à la reprise d'emploi, il ne faut pas oublier qu'elle peut, par d'autres mécanismes, avoir aussi un impact positif sur l'emploi. Le premier est d'ordre keynésien : un système d'allocation chômage évite une perte de revenu pouvant entraîner une baisse de la consommation (*effet revenu* négatif) et donc de la demande adressée aux entreprises. Aux États-Unis, l'assurance chômage semble effectivement jouer un rôle important dans le « lissage » de la consommation — c'est-à-dire l'atténuation de ses fluctuations [Gruber, 1997]. C'est une des raisons pour lesquelles, lors des récessions qui se traduisent par une montée et un allongement de la durée du chômage, le gouvernement américain intervient parfois pour allonger la durée maximale d'indemnisation, normalement limitée à six mois.

L'indemnisation du chômage peut avoir aussi un effet positif sur le processus d'appariement, si l'*effet qualité* fait plus que compenser l'éventuel *effet quantité* — ce dernier se traduisant par des moindres sorties du chômage sur une période donnée, dues à l'effet de désincitation. En effet, la qualité de l'appariement dépend de la bonne adéquation des travailleurs aux postes auxquels ils sont affectés, celle-ci se traduisant par une meilleure productivité pour l'individu comme pour la collectivité. Si l'indemnisation est trop faible, de nombreux travailleurs devront dans l'urgence accepter des postes de travail dans lesquels ils ne seront pas pleinement productifs. L'étude d'Acemoglu et Shimer [1999] montre que cela semble avoir été le cas aux États-Unis dans les années 1990, et que la perte en termes de richesses créées a été significative.

Au total, la diversité de ses effets potentiels sur le chômage laisse à penser que, comme pour le salaire minimum, il convient de trouver pour l'indemnisation du chômage un « juste équilibre ». Il faut notamment essayer de déterminer la configuration des règles d'indemnisation qui induit la *durée optimale* de chômage. Si celle-ci est trop courte, elle peut nuire à la qualité de l'appariement Mais, si elle est trop longue, elle peut entraîner une intensité de recherche insuffisante, coûteuse pour la société et potentiellement contre-productive pour le chômeur lui-même, du fait du risque d'obsolescence de capital humain, de l'effet stigmatisant de la durée de chômage auprès des employeurs... Mais il faut rappeler cette évidence : à l'exception des situations proches du plein emploi, la pénurie d'emploi reste le facteur déterminant, et les modifications du profil de l'indemnisation n'ont que très peu d'effet potentiel sur le retour en emploi de nombreux chômeurs. De ce point de vue, pour lutter contre les éventuels effets désincitatifs, un contrôle accru de la recherche active d'emploi est préférable à une baisse indifférenciée de l'indemnisation du chômage, qui peut avoir des conséquences sociales dramatiques. Le renforcement des exigences en termes d'offres d'emplois « convenables » ou « raisonnables » que ne peuvent refuser les chômeurs — comme en Allemagne depuis 2004 et en France depuis 2008 — risque cependant, s'il est trop poussé, d'entraîner aussi des mauvais « appariements », et de faire baisser la durée du chômage au prix d'une augmentation de sa récurrence.

Les règles de protection de l'emploi nuisent-elles à l'emploi ?

La protection de l'emploi recouvre l'ensemble des règles régissant les contrats de travail (plus particulièrement les modalités d'embauche et de licenciement) pour les contrats « permanents » (ou « réguliers », selon la terminologie de l'OCDE, c'est-à-dire, en France, les contrats à durée indéterminée, « CDI ») comme pour les contrats temporaires (CDD, intérim). En déterminant les *coûts d'ajustement* de l'emploi, elle affecte directement le recours à la *flexibilité quantitative externe* des entreprises (voir chapitre II), et détermine donc le degré de « rigidité » du marché du travail.

La dénonciation des effets négatifs. — Il est souvent avancé, notamment par les employeurs eux-mêmes, que les entreprises sont plus réticentes à embaucher quand les licenciements sont trop réglementés, et qu'elles sont aussi plus sélectives (car ayant moins « droit à l'erreur ») quant aux caractéristiques des embauchés. La protection de l'emploi diminuerait le niveau global d'emploi et accroîtrait la sélectivité du marché du travail, les deux processus jouant au détriment des personnes les moins « employables ». Cependant, en ce qui concerne le premier argument, un moindre niveau d'embauches, notamment en phase de reprise, peut être compensé par un moindre niveau de licenciements en période de récession, avec un effet total relativement neutre sur le niveau de chômage à moyen terme, mais une moindre sensibilité de l'emploi à la conjoncture (*effet de*

« lissage »). Il n'empêche que, à plus long terme et de façon plus structurelle, la rigidité du contrat de travail peut plus particulièrement pénaliser les entreprises dans les secteurs innovants où la gestion prévisionnelle de l'emploi est particulièrement difficile. La protection de l'emploi pourrait donc nuire au processus de « destruction créatrice » (selon le terme de Schumpeter) et, de façon générale, rendrait les économies moins aptes à s'adapter face à un *choc de réallocation* nécessitant un redéploiement des travailleurs entre secteurs, professions, régions... (voir chapitre II).

Des constats empiriques nuancés. — Les études essayant d'estimer les effets de la protection de l'emploi se réfèrent dans la plupart des cas à l'indicateur chiffré synthétique de l'OCDE couvrant trois domaines : 1) la réglementation du licenciement individuel pour un contrat d'emploi « régulier » (en France, le CDI) — qui renvoie à la définition d'un licenciement abusif, aux délais de préavis, au montant des indemnités, etc. ; 2) la réglementation du licenciement collectif ; 3) la réglementation des contrats temporaires (de type CDD et intérim) (voir graphique 4).

Comme le reconnaît elle-même l'OCDE, les limites de cet indicateur sont nombreuses [OCDE, 2004]. D'une part, quantifier des règles juridiques est particulièrement délicat, et, d'autre part, l'écart peut être important entre les règles formelles et la façon dont elles sont effectivement appliquées. Si cependant on accepte de se référer à cet indicateur pour établir des corrélations, plusieurs constats empiriques s'imposent. Au niveau macroéconomique d'abord, en comparaison internationale, la protection de l'emploi ne semble pas avoir d'impact significatif sur le taux de chômage global [OCDE, 2004 et 2006]. En revanche, il semble qu'elle ait un effet différencié selon les catégories d'actifs — une plus forte protection de l'emploi nuirait à l'emploi des jeunes et, dans une moindre mesure, à celui des femmes — et, par conséquent, qu'elle influe sur la *composition* du chômage. On constate de plus, toujours en comparaison internationale, que la part de l'emploi temporaire dans l'emploi global est d'autant plus élevée que le niveau de protection de l'emploi (et notamment « permanent ») l'est aussi. Au total, une forte protection de l'emploi serait propice au dualisme du marché du travail entre permanents et précaires. Les politiques de flexibilisation « à la marge », consistant à assouplir la réglementation des emplois temporaires tout en maintenant une plus forte protection des emplois permanents, non seulement ne semblent pas avoir d'effet positif sur l'emploi mais peuvent même avoir des effets pervers (hausse de la précarité pour certaines catégories comme les jeunes sans baisse du chômage, renforcement des comportements d'*insiders* des salariés permanents...) [Pucci et Valentin, 2008 ; Blanchard et Landier, 2002 ; Dolado *et al.*, 2002].

Graphique 4. **Degré de protection de l'emploi dans les pays de l'OCDE et associés**

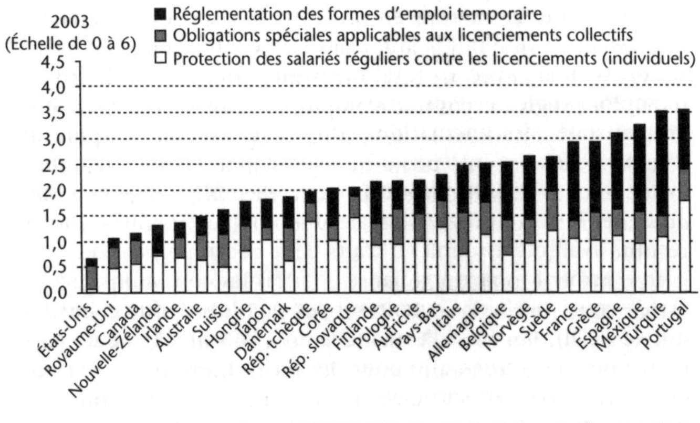

Source : OCDE [2004]. Plus l'indicateur synthétique est élevé (sur l'échelle normalisée de 0 à 6), plus les règles de protection de l'emploi sont importantes et donc contraignantes pour les entreprises.

Il semble que, davantage que sur les *stocks* (en termes de niveaux d'emploi et de chômage), la protection de l'emploi ait un effet sur les *flux* sur le marché du travail. Selon certaines estimations [Barlet *et al.*, 2007], les flux de créations/destructions d'emploi seraient deux fois plus importants aux États-Unis (où le marché du travail est particulièrement flexible) qu'en France — ce qui pourrait conforter la critique « schumpétérienne ». Cependant, en incitant à recourir à de la flexibilité interne plutôt qu'externe, la protection de l'emploi peut favoriser l'adoption de stratégies fondées sur la formation et la polyvalence, favorables à la productivité. Il n'en reste pas moins que le marché du travail semble d'autant moins *fluide* — en termes de flux d'entrée mais aussi de sortie du chômage — que la protection de l'emploi est plus forte. La durée moyenne du chômage s'en trouve donc accrue (voir chapitre I), avec les risques d'exclusion qu'elle entraîne.

Pour déterminer de façon plus précise l'effet sur les flux de travailleurs et d'emplois, on peut essayer d'estimer — au niveau microéconomique des entreprises — l'impact des *modifications* des règles de protection de l'emploi (méthode dite des « expériences naturelles ») [Fougère et Pfister, 2006]. Ainsi, suite au renforcement des coûts de licenciement dans les entreprises de moins de quinze salariés en Italie en 1990, ces dernières ont effectivement diminué à la fois les flux d'embauche et de séparation — mais avec au total un impact négatif sur le niveau d'emploi [Kugler et Pica, 2005]. Un effet de « lissage » a aussi été constaté : les fluctuations conjoncturelles de l'emploi ont diminué dans les entreprises où elles étaient les plus marquées avant le changement législatif. Autre exemple : en 1997, pour endiguer la forte progression des emplois temporaires dont le recours avait été assoupli au cours de la décennie précédente, le gouvernement espagnol a baissé à la fois les cotisations sociales et les coûts de licenciement sur les emplois à durée indéterminée (CDI). Les flux d'embauche en CDI ont augmenté aussi bien pour les jeunes que pour les actifs âgés. Mais, pour ces derniers, les taux de sortie de l'emploi ont aussi augmenté — ce qui fait qu'au total leur taux d'emploi en CDI est inchangé [Kugler, Jimeno et Hernanz, 2003].

Au total, l'impact global de la protection de l'emploi sur le chômage est incertain et, en France, le débat s'est plutôt focalisé sur le problème du dualisme qu'elle entraîne (entre CDI et emplois temporaires) ainsi que sur la complexité des procédures et le caractère arbitraire des décisions juridiques (devant notamment statuer sur le « motif économique » des licenciements) [Cahuc et Kramarz, 2004]. C'est dans ce cadre qu'a été proposé de recourir à des incitations financières plutôt qu'à des règles juridiques (voir encadré 7).

Le rôle des institutions : une approche globale

La complémentarité institutionnelle

Les institutions en tant que système. — Le raisonnement « toutes choses égales par ailleurs » qui est à la base (même s'il est très difficile à mettre en œuvre) de la plupart des travaux empiriques suppose que l'on puisse isoler l'effet d'une institution particulière de celui des autres institutions. Le problème est évidemment que les institutions forment un *système* — certes plus ou moins cohérent et intégré. Ceci signifie notamment que l'effet d'une institution peut dépendre des autres institutions — on parle alors de « complémentarité institutionnelle » [Amable, 2005]. Les travaux empiriques ont par exemple mis en lumière le fait que l'impact supposé négatif sur le taux d'emploi de la générosité du système d'indemnisation chômage était décroissant avec l'ampleur de la politique active de l'emploi (sur laquelle nous reviendrons dans le chapitre suivant). Autre exemple, mentionné plus haut : l'impact négatif du coin fiscal semble d'autant plus important que le salaire minimum est élevé. Selon Nickell [1997], un niveau et une durée élevés des allocations chômage, des syndicats puissants mais avec un faible degré de coordination entre employeurs et salariés, ajoutés à une fiscalité importante sur le travail et un système de formation peu performant, constitueraient une combinaison particulièrement dommageable en termes de chômage.

Au-delà des institutions du marché du travail, la réglementation du marché des biens et services. — Les effets de complémentarité peuvent jouer au-delà des seules institutions du marché du travail. Un nombre croissant de travaux s'intéressent aux règles qui limitent la concurrence sur les marchés des biens et services (ou encore des « produits »), et montrent que celles-ci, longtemps négligées au profit de la seule focalisation sur la protection de l'emploi, auraient un impact significatif négatif sur l'emploi. En France particulièrement, les barrières à l'entrée (en termes de quota, de limitation de surface...) dans des activités comme le commerce contribueraient à expliquer de façon importante le « déficit » d'emplois évoqué plus haut [Bertrand et Kramarz, 2002]. De façon générale, ce type de règles entraîneraient

Encadré 7. Protéger l'emploi : des incitations financières plutôt que des règles juridiques ?

Même du point de vue de la stricte *efficience* économique, le degré optimal de protection de l'emploi ne peut pas être nul. Une trop faible protection de l'emploi entraînerait une augmentation des coûts, en termes de rotation et de précarité pour les travailleurs — mais au-delà aussi pour l'ensemble de la société —, supérieure au bénéfice net qu'en tireraient les entreprises en termes de flexibilité. Plus précisément, un licenciement entraîne un coût *privé* pour l'employeur, notamment l'indemnité qu'il verse au salarié licencié, supposée compenser (en partie) le coût — lui aussi privé — que subit ce dernier. Mais ce coût privé est inférieur au coût *social* du licenciement, qui recouvre le préjudice entraîné pour l'ensemble de la société — dépenses d'indemnisation chômage, mais aussi autres coûts potentiels liés aux effets du chômage (dégradation de la santé des chômeurs, hausse de la délinquance...). Quand une entreprise licencie, elle engendre donc une *externalité négative* c'est-à-dire une nuisance dont elle ne tient pas compte quand elle prend sa décision — uniquement fondée sur le calcul coût/bénéfice privés. Il en découle que, au niveau de l'économie dans son ensemble, en l'absence de régulation le niveau de licenciements est supérieur à son *niveau optimal*.

Face à une externalité négative, une première solution est la réglementation — et c'est celle qui a été généralement adoptée pour les licenciements dans les différents pays, et que tente de mesurer l'indicateur de l'OCDE. Une autre solution — préconisée dès les années 1920 par Arthur Pigou, le théoricien de l'économie du bien-être — est la taxe visant à *internaliser* l'externalité en faisant supporter son coût social à l'agent qui l'engendre. C'est la logique dite du « pollueur-payeur ». Cette solution peut être aussi appliquée aux licenciements, sous différentes formes [Blanchard et Tirole, 2003 ; Cahuc et Kramarz, 2004]. La première est la *modulation des cotisations* des entreprises. Ainsi, aux États-Unis, la plupart des États ont des systèmes d'indemnisation du chômage recourant à l'*experience rating* (la « tarification selon le

un niveau de prix plus élevé au détriment de la demande solvable. De plus, en limitant l'aiguillon de la concurrence, elles nuiraient aux innovations aussi bien de produits que de processus de production — et par là à la croissance. Cependant, il semblerait aussi que l'ampleur de l'impact négatif de la réglementation des marchés des produits dépende d'autres institutions — comme par exemple la fiscalité, les allocations chômage et le taux de syndicalisation [Bassanini et Duval, 2006], mais les causalités précises sous-jacentes à ces complémentarités restent en grande partie à explorer.

comportement passé ») : la caisse d'assurance chômage tient un compte pour chaque entreprise, faisant le bilan, sur une période donnée, des cotisations que celle-ci a versées et des dépenses qu'elle a engendrées (les allocations versées aux travailleurs qu'elle a licenciés). Selon que le solde est positif ou négatif, l'entreprise verra son taux de cotisations baisser ou au contraire augmenter pour la période suivante. Ce système semble effectivement contribuer à atténuer les fluctuations des licenciements au cours du cycle [Fougère et Margolis, 2000]. Une modalité alternative est la simple taxe sur les licenciements, soit forfaitaire, soit en proportion du salaire selon un taux fixe. Elle a été appliquée en France pour les salariés âgés de plus de 50 ans (taxe dite « contribution Delalande » au profit du système d'assurance chômage). Mais cette taxe a été supprimée fin 2007, car son impact sur les licenciements semblait limité et certaines études tendaient à montrer qu'elle avait un effet pervers : les entreprises hésitaient à embaucher des salariés âgés ou proches du seuil d'âge, de peur, en cas de licenciement, d'avoir à payer la taxe [Behaghel, Crépon et Sédillot, 2005]. La prime de « précarité » s'élevant à 10 % du salaire pour les CDD et l'intérim en France s'apparente aussi à une « taxe » visant à limiter leur usage — mais qui, elle, bénéficie directement au salarié, sous forme de rémunération.

L'avantage de la taxe par rapport à la réglementation est que cette dernière est souvent complexe et sujette à interprétation, créant par là de l'« incertitude juridique » pour les employeurs et pour les employés. Elle est d'ailleurs souvent contournée, de façon plus ou moins légale. Mais le système de taxe se heurte au problème de la « double peine » : il pénalise les entreprises qui sont en réelle difficulté, et vraiment obligées de licencier. Il serait de plus illusoire de penser qu'un système de taxe pourrait complètement se substituer à un contrôle juridique des motifs de licenciement, notamment parce qu'une convention du BIT (ratifiée par la plupart des pays, dont la France) impose l'obligation de justifier un licenciement — sur les oppositions entre logiques économiques et juridiques, voir notamment Eymard-Duvernay [2004].

La prise en compte de l'interaction entre les chocs macroéconomiques et les institutions

Effet d'amplification et effet de persistance. — La plupart des travaux empiriques macroéconomiques en restent à une approche relativement statique, en établissant des corrélations entre institutions et niveaux de chômage, en comparant les pays et les périodes. Cependant, ce n'est peut-être pas tant les institutions en elles-mêmes qui causent le chômage que leur interaction avec les changements de l'environnement économique. En effet, les institutions déterminent en grande partie la façon dont une économie donnée peut réagir aux différents « chocs » qu'elle subit. Ces derniers peuvent être de différentes natures, comme on l'a vu dans le chapitre précédent, en distinguant notamment les chocs « agrégés » (d'offre ou de demande) — comme les chocs pétroliers — des chocs de « réallocation » — comme une vague d'innovations techniques et organisationnelles.

Plus précisément, les institutions peuvent avoir deux effets potentiels, l'un à court terme, l'autre à plus long terme. À court terme, elles peuvent avoir un *effet d'amplification* (ou au contraire d'*atténuation*) de l'effet du choc sur l'augmentation du chômage. À plus long terme, elles peuvent retarder le retour à l'équilibre initial, et par là exercer un *effet de persistance* sur le chômage. Il semblerait, par exemple, que des degrés élevés de protection de l'emploi et de réglementation du marché des produits aient un *effet d'atténuation* à court terme (en limitant la flexibilité externe et donc les licenciements) et un *effet de persistance* à plus long terme (en ralentissant les réallocations nécessaires, en favorisant les comportements d'*insiders* débouchant sur des arbitrages plus en faveur des salaires que de l'emploi...) [Blanchard et Wolfers, 2000]. La générosité du taux de remplacement de l'indemnisation du chômage pourrait peut-être avoir un *effet d'amplification* à court terme (atténuant les réticences à licencier), tandis que la durée d'indemnisation pourrait exercer un *effet de persistance, via* son impact potentiel sur la durée du chômage [Bassanini et Duval, 2006].

Le rôle respectif des chocs et des institutions. — Au total, peut-on évaluer le rôle respectif des chocs macroéconomiques et des institutions comme facteurs explicatifs des performances nationales en termes de chômage ? Selon Blanchard et Wolfers [2000], les différences d'institutions en elles-mêmes — telles qu'elles sont mesurées par les indicateurs usuels — ne peuvent expliquer qu'une part très modeste des différences de taux de chômage entre pays industrialisés. D'ailleurs, au cours des années 1960, les pays européens avaient un chômage comparable voire inférieur à celui des États-Unis alors que leur marché du travail était plus réglementé. Ce serait donc l'interaction entre les chocs macroéconomiques et les institutions qui aurait été le facteur déterminant des augmentations du chômage depuis les années 1970, et non pas les institutions elles-mêmes. Cette thèse est cependant contestée par Nickell *et al.* [2005]. En reprenant les indicateurs d'institutions (indemnisation du chômage, protection de l'emploi...) et en remontant jusqu'aux années 1960, ces auteurs montrent que les institutions ont pu varier de façon sensible dans les différents pays tout au long de la période jusqu'au milieu des années 1990. Plus de la moitié de la hausse du chômage européen sur cette période s'expliquerait par les seuls changements institutionnels — allant dans l'ensemble dans le sens d'un renforcement des contraintes sur les entreprises et/ou des protections pour les travailleurs, du moins jusqu'aux années 1990. Ceci serait plus particulièrement le cas pour certains pays (comme la France et l'Italie, par exemple) que pour d'autres (comme l'Allemagne, où le choc de la réunification a joué un rôle déterminant dans la montée du chômage).

Pour conclure, le rôle respectif des « chocs » et des institutions reste donc controversé. De façon générale, les résultats de ces études macroéconomiques comparatives (dans le temps et entre pays) doivent être pris avec précaution [Howell *et al.*, 2007 ; Heckman, 2007]. D'une part, les indicateurs essayant de quantifier les institutions sont parfois très fragiles et ce d'autant plus que l'on remonte loin dans le temps et que l'on couvre un grand nombre de pays. D'autre part, les résultats des corrélations dépendent beaucoup des spécifications des modèles estimés, et la nature des causalités à l'œuvre n'est pas toujours évidente. Au total, comme le souligne le rapport du COE [2008] au sujet de ce type de travaux, « la multiplicité des institutions, des chocs et des interactions possibles rend l'identification des facteurs responsables du chômage extrêmement difficile » [p. 33].

Diversité des modèles nationaux et performances en termes de chômage

L'absence de modèle unique. — Une conséquence importante de la complémentarité institutionnelle est le fait que c'est peut-être avant tout au niveau du *système institutionnel* national dans son ensemble qu'il faut se poser la question de la performance en termes de chômage. Or, de ce point de vue, force est de reconnaître que des pays aux institutions du marché du travail aussi différentes que celles du Danemark, du Japon et des États-Unis ont eu — au moins sur la période 1995-2005 — des performances similaires. Comme le reconnaît l'OCDE elle-même, qui pourtant, jusqu'aux années 1990, semblait plutôt partisane du *one best way* (américain), « ceci donne à penser qu'il n'existe pas une seule approche qui permette d'obtenir de bonnes performances en matière d'emploi » [OCDE, 2006, p. 209].

Les différences de performances entre modèles nationaux ont été soulignées par Esping-Andersen [1999]. Celui-ci établit un lien entre les trois types d'État social (*Welfare Regimes*) qu'il distingue et l'accès à l'emploi des différents groupes sociodémographiques. Il souligne notamment que, dans les pays relevant du modèle « corporatiste-conservateur », comme l'Allemagne, l'Italie et dans une certaine mesure la France — où le système bismarckien de protection sociale repose sur le modèle du *male breadwinner*, l'homme pourvoyeur de ressources —, l'accès à l'emploi des jeunes et des femmes est plus difficile que dans les pays relevant du modèle « libéral » ou « social-démocrate ». Avec la crise, ceci s'est notamment traduit par l'importance du chômage relatif de ces catégories dans ces pays (voir chapitre I). Comme dans les pays d'Europe du Sud, de façon traditionnelle, le système d'indemnisation du chômage est moins généreux, le modèle du *breadwinner* est généralement associé à une forte protection de l'emploi permanent au détriment des *outsiders*.

La question des réformes structurelles. — Si certains modèles nationaux apparaissent moins performants que d'autres, se pose alors la question des réformes structurelles et de leur faisabilité. L'approche en termes d'économie politique (voir par exemple Saint-Paul [2000]) souligne que toute réforme a des effets redistributifs : elle peut améliorer le sort de certains, mais au détriment d'autres. Une déréglementation du marché des produits peut par exemple augmenter l'emploi, et donc profiter aux chômeurs, les *outsiders*, mais probablement aussi nuire à certains *insiders*, par exemple en entraînant une baisse de leur salaire — traduisant la perte d'une « rente » liée à l'entrave de la concurrence. De façon générale, les *insiders* auront donc souvent intérêt à s'opposer aux réformes, et réussiront d'autant plus qu'ils sont majoritaires, ou que les bénéfices de la réforme apparaissent diffus et incertains aux *outsiders* — comme c'est le cas généralement en matière de réduction de la protection de l'emploi.

Une implication de la complémentarité institutionnelle réside dans le fait qu'une réforme ponctuelle, c'est-à-dire portant sur une institution isolée, aura des effets limités si cette dernière a des « complémentarités » avec d'autres institutions. Ceci plaiderait donc pour des réformes structurelles d'ensemble [Orzag et Snower, 1999], ce qui pourrait apparaître comme une difficulté supplémentaire, le nombre d'intérêts potentiellement lésés étant accru. Mais ceci peut au contraire aussi ouvrir la voie à des compensations à différents niveaux, comme le montre l'exemple de la « flexicurité danoise » : une moindre protection de l'emploi peut voir ses effets pour les travailleurs compensés en partie par une indemnisation du chômage plus généreuse. Et les effets potentiels sur le chômage de cette dernière peuvent être « compensés », on l'a noté plus haut, par une politique de l'emploi adéquate, visant à accélérer le retour à l'emploi.

Cependant, ce n'est pas tant au sein des travailleurs (entre *insiders* et *outsiders*) que se structurent les conflits qu'entre travailleurs et employeurs, les réformes apparaissant souvent aux premiers comme lésant leurs intérêts au profit des seconds. Une forte conflictualité peut donc freiner les adaptations et réformes nécessaires. Blanchard et Philippon [2004] montrent ainsi que, au sein des pays industrialisés, le niveau de chômage est inversement corrélé à l'indice qualité des relations sociales entre travailleurs et employeurs (ce dernier étant d'autant plus faible que la conflictualité est forte). Les pays où les relations professionnelles sont moins conflictuelles ont pu mieux réagir face aux chocs — comme le montre l'exemple de pays comme le Danemark, les Pays-Bas ou l'Autriche, où des « pactes sociaux » ont joué un rôle important dans la modération salariale et l'adoption de réformes structurelles [Auer, 2000]. Or la France se caractériserait par un indice de « qualité des relations sociales » particulièrement faible [Philippon, 2007]. Au-delà des simples relations « travail/capital », Algan et Cahuc [2006] défendent l'idée selon laquelle le déficit de confiance généralisé qui caractérise la société française expliquerait les comportements de repli et de corporatisme, reposant sur la défense d'institutions créatrices de rentes et nuisibles en termes de croissance et d'emploi.

IV / Les politiques de l'emploi

Au-delà des seules *politiques conjoncturelles* de soutien de l'activité (les politiques de « plein emploi » de l'après-guerre), réduire le chômage à moyen terme peut impliquer des réformes structurelles, dont certaines dépassent d'ailleurs le seul cadre du marché du travail et concernent la régulation des marchés de produits, les systèmes de formation, de recherche et d'innovation, etc. — pour une analyse dans ce sens, voir par exemple COE [2008]. Nous nous en tiendrons dans ce chapitre à l'analyse des seules « politiques de l'emploi » [L'Horty, 2006 ; Erhel, 2009]. Nous réservons cette appellation aux interventions publiques qui ont pour objectif *explicite* et *premier* d'augmenter le niveau d'emploi et/ou de réduire le niveau de chômage, en agissant directement sur le marché du travail (sans reprendre cependant les réformes institutionnelles évoquées dans le chapitre précédent, concernant notamment le salaire minimum, l'indemnisation du chômage ou la protection de l'emploi).

Une première série de politiques interviennent directement sur le marché du travail en ciblant des catégories d'agents (travailleurs, chômeurs, entreprises). Ce sont les politiques de l'emploi au sens restreint, que l'OCDE nomme les « politiques du marché du travail » (*labour market policies*), que nous étudierons dans la première section.

Une seconde série de politiques, plus transversales quant aux publics concernés, essaient de stimuler de façon plus générale la création d'emplois (action du côté de la « demande de travail ») ou d'encourager la recherche et l'accès à l'emploi (action du « côté de l'offre »). Nous les étudierons dans une seconde section.

Il faut noter que cette distinction, qui nous servira de fil directeur, a cependant des limites et reflète aussi des conventions de classifications en partie arbitraires.

Les politiques du marché du travail

Typologie des politiques et comparaison internationale

Politiques actives, politiques passives. — Les « politiques du marché du travail », selon la typologie usuelle de l'OCDE, recouvrent un ensemble de mesures qui peuvent être classées en deux catégories. Les *mesures actives* regroupent l'ensemble des dispositifs qui visent à favoriser l'accès des chômeurs à l'emploi. Ceci concerne principalement : 1) les mesures d'*accompagnement et d'aide à la recherche d'emploi* mises en place par le Service public de l'emploi ; 2) les mesures d'*aides à l'emploi* au sens large ; elles recouvrent les aides aux chômeurs créateurs d'entreprise, et surtout les emplois subventionnés dans les secteur privé et public (ou encore, dans la terminologie française, les « emplois aidés ») ; ces mesures d'aides à l'emploi sont généralement ciblées sur les catégories de chômeurs les plus en difficulté sur le marché du travail, repérées selon différents critères (âge, handicap, durée passée au chômage...) corrélés à une plus faible « employabilité » (voir chapitre I) ; 3) enfin, les mesures de *formation*.

Les mesures dites « passives » — ou encore, de garantie de revenu — ont pour objectif d'assurer une certaine sécurité de revenu aux personnes dépourvues d'emploi. Elles recouvrent principalement l'*indemnisation du chômage* et les dispositifs publics de *préretraite*.

L'OCDE comptabilise le montant des dépenses publiques consacrées à ces différents types de mesures. Elle recense aussi le nombre de leurs bénéficiaires (en pourcentage de la population active).

Des spécificités nationales. — Le tableau 10 présente la part de ces dépenses dans le PIB dans quelques pays de l'OCDE au milieu des années 2000. Ces données doivent être interprétées avec précaution, car elles reposent sur un ensemble de conventions sur ce qui est comptabilisé et ce qui ne l'est pas, qui peuvent en partie varier d'un pays à l'autre. Ainsi, pour ne donner qu'un exemple, les dépenses publiques pour le RMI en France ne sont pas incluses car elles ne relèvent pas officiellement de l'indemnisation du chômage. En revanche, en Allemagne, depuis 2004, les dépenses d'aide sociale équivalente au RMI le sont, car elles ont été fusionnées avec le dispositif d'assistance chômage (équivalent de l'allocation de solidarité spécifique française). Ceci explique que la part dans le PIB des dépenses d'« indemnisation du chômage » soit nettement plus élevée en Allemagne qu'en France (sans proportion directe avec les différences de taux de chômage), alors que le système d'indemnisation n'y est en fait dans son ensemble pas plus généreux.

Ces précautions étant prises, des différences importantes entre pays apparaissent néanmoins, non seulement en termes de niveau et d'« effort » relatif — mesuré par le rapport entre la part des dépenses dans le PIB et le taux de chômage — mais aussi en termes de structure des dépenses. À un niveau global, deux groupes de pays s'opposent, les pays d'Europe continentale, dont la France, occupant une position intermédiaire.

D'un côté, les pays anglo-saxons (Royaume-Uni, États-Unis) et le Japon se distinguent par un taux d'effort global particulièrement faible (moins de 0,15). La politique du marché du travail y est relativement résiduelle, suivant une logique plutôt libérale : l'indemnisation du chômage est peu généreuse, les politiques de préretraites pratiquement inexistantes, et la politique active de l'emploi est concentrée sur des mesures du côté de l'offre (l'aide à la recherche d'emploi — conformément à la théorie du *job search* — et les politiques de formation — pour améliorer le « capital humain ») ; en revanche, les mesures d'aides à l'emploi côté entreprises, qui interfèrent avec le fonctionnement du marché, sont limitées — et plus particulièrement au Japon et aux Royaume-Uni.

À l'opposé, les pays scandinaves se caractérisent par un taux d'effort beaucoup plus important — il est notamment dix fois plus important au Danemark qu'aux États-Unis. Ces pays, de tradition sociale-démocrate, ont à la fois une politique passive plus généreuse et une politique active plus importante et diversifiée. Le Danemark a le taux d'effort le plus élevé pour la politique active (0,28) aussi bien que passive (0,48) — les dépenses de préretraites y atteignant notamment un niveau important.

Tableau 10. **Taux de chômage et dépenses publiques de l'emploi en 2006**

	Allemagne	Danemark*	France	Italie	Japon	Suède*	Roy.-Uni	États-Unis
Taux de chômage (% de la pop. active) (1)	9,80	5,50	8,30	6,10	3,90	6,30	5,30	4,60
Dépenses totales (% PIB) (2)	2,97	4,51	2,32	1,32	0,59	2,56	0,61	0,38
Dépenses actives (% PIB) (3)	0,88	1,85	0,92	0,53	0,19	1,24	0,42	0,14
Dont : *Service public de l'emploi*	*0,27*	*0,33*	*0,24*	*0,09*	*0,14*	*0,24*	*0,37*	*0,03*
Aides à l'emploi	*0,28*	*0,98*	*0,39*	*0,22*	*0,01*	*0,65*	*0,03*	*0,06*
Formation	*0,33*	*0,54*	*0,29*	*0,22*	*0,04*	*0,35*	*0,02*	*0,05*
Dépenses passives (% PIB) (4)	2,09	2,66	1,39	0,79	0,40	1,32	0,19	0,24
Dont : *Indemnisation du chômage*	*2,04*	*1,94*	*1,35*	*0,69*	*0,40*	*1,32*	*0,19*	*0,24*
Préretraites	*0,05*	*0,72*	*0,05*	*0,11*	*0,00*	*0,00*	*0,00*	*0,00*
Taux d'effort global (2)/(1)	0,30	0,82	0,28	0,22	0,15	0,41	0,12	0,08
Taux d'effort politique actif (3)/(1)	0,09	0,34	0,11	0,09	0,05	0,20	0,08	0,03
Taux d'effort politique passif (4)/(1)	0,21	0,48	0,17	0,13	0,10	0,21	0,04	0,05

* Chiffres pour l'année 2004.

Source : OCDE [2008, annexe, tableaux A et J].

Évolutions dans le temps. — Le graphique 5 retrace l'évolution, depuis le début des années 1970, des dépenses de la politique active de l'emploi et des préretraites en France — soit l'ensemble des « dispositifs ciblés ».

Graphique 5. **Coût des dispositifs ciblés en France depuis 1973**
(en % du PIB)

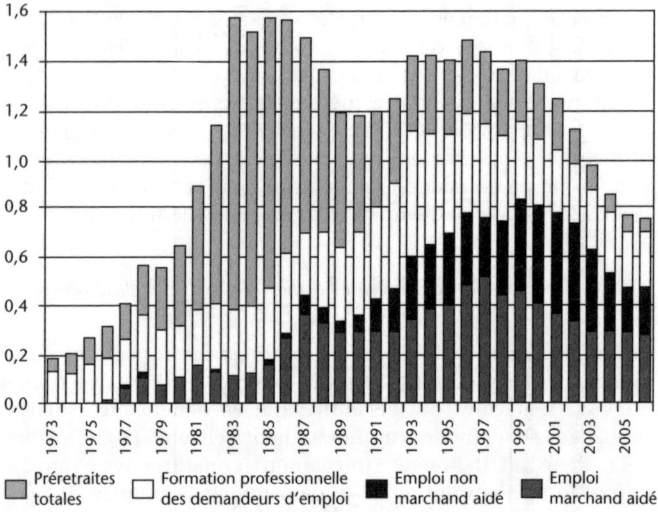

Source : Roguet [2008].

On constate une très forte augmentation des dépenses globales (pratiquement multipliées par huit en part du PIB) entre 1973 et la première moitié des années 1980. Elles se maintiennent ensuite à un niveau élevé, leur part dans le PIB fluctuant notamment en fonction de la conjoncture du chômage, avant de baisser à partir de 2002, malgré une conjoncture moins favorable qu'à la fin des années 1990. Au niveau du type des mesures, il faut souligner que les préretraites, qui ont joué un rôle massif au cours de la première moitié des années 1980, ont vu leur montant diminuer nettement à partir de la fin des années 1990 et sont appelées à disparaître — à la fois pour des raisons de coût et du fait de la priorité désormais accordée à l'élévation du taux d'emploi des seniors, liée aux contraintes de financement du système de retraite. Il est par ailleurs aujourd'hui assez largement admis que les politiques malthusiennes de réduction de la population active n'ont pas d'effet à moyen terme sur le chômage — comme nous l'avons noté dans le chapitre II — et peuvent même avoir des effets négatifs du fait des coûts qu'elles entraînent. On constate aussi que les emplois aidés dans le secteur non marchand (comme les « travaux d'utilité collective » — TUC —, puis les « contrats emploi solidarité » — CES —, et les « contrats d'avenir ») ont vu leur part plutôt diminuer.

Des tendances similaires peuvent être constatées dans la plupart des pays de l'OCDE : préretraites (lorsqu'elles étaient utilisées) et emplois aidés dans le secteur non marchand reculent, au profit des aides à l'embauche dans le secteur privé, de l'aide à la recherche d'emploi et des mesures de formation.

L'évaluation des effets des mesures actives sur leurs bénéficiaires

Les méthodes d'évaluation. — Une première façon d'évaluer l'efficacité des mesures actives de l'emploi est d'analyser leur effet sur le devenir des personnes qui en bénéficient (sur les problèmes de méthode, voir notamment Behaghel [2006]). Pour cela, il ne suffit pas de simplement constater les taux de chômage et d'emploi après le passage par la mesure. Il faut *comparer* les destinées sur le marché du travail entre les bénéficiaires de la mesure et les non-bénéficiaires. Ces derniers peuvent être des chômeurs ou des bénéficiaires d'une autre mesure si on veut évaluer l'*efficacité relative* des mesures les unes par rapport aux autres. Il faut donc disposer de panels de demandeurs d'emploi — c'est-à-dire des échantillons de personnes dont on observe la situation sur une certaine période.

Mais il ne suffit pas pour autant de comparer les destinées d'un groupe de bénéficiaires et d'un groupe de non-bénéficiaires, tous rentrés au chômage à la même date. En effet, si par exemple on constate que, dix-huit mois après leur entrée au chômage, le taux d'emploi des bénéficiaires est supérieur à celui des non-bénéficiaires, on ne sait pas si c'est la conséquence de l'efficacité propre de la mesure ou si c'est dû aussi, ou peut-être même uniquement, au fait que les personnes qui ont bénéficié de la mesure étaient en fait plus « employables » dès le départ. Le statisticien essaye bien évidemment de comparer les destinées des membres des deux groupes « toutes choses égales par ailleurs » — à âge, niveau de formation, genre... donnés. Mais il ne dispose pas d'information sur *toutes* les caractéristiques individuelles qui peuvent être corrélées avec l'employabilité des personnes : il subsiste de l'« hétérogénéité inobservée » qui introduit un biais dans l'évaluation. Cette hétérogénéité a d'autant plus de chances d'exister qu'elle découle des procédures de « sélection » qui allouent les personnes aux différentes mesures — on parle alors d'un *biais de sélection.* De fait, le travail des agents locaux de l'emploi consiste justement à classer les personnes et à les orienter en fonction de leur employabilité, en s'appuyant notamment sur des critères non repérés par le statisticien (la motivation du demandeur d'emploi, sa présentation, son état de santé, etc.). Certains agents auront tendance à faire bénéficier les demandeurs d'emploi les plus directement « employables » des dispositifs les plus proches de l'emploi « normal » (pratique de l'« écrémage ») — par exemple, des emplois subventionnés dans le secteur privé —, et, au contraire, à orienter les moins employables vers les emplois aidés dans le secteur non marchand. Pour essayer d'éviter le « biais de sélection », on peut procéder à des évaluations expérimentales : on tire au sort, parmi un échantillon de chômeurs, ceux qui bénéficieront de la mesure. Mais, si cette méthode est utilisée de façon systématique aux États-Unis, ce n'est qu'à partir de la fin des années 2000 qu'elle a commencé à l'être dans certains pays européens, dont la France.

Des résultats contrastés. — Ces études tendent dans l'ensemble à montrer que — une fois les biais d'hétérogénéité supposés corrigés — les taux d'emploi à la sortie d'une mesure sont d'autant meilleurs que cette mesure est proche de l'emploi « normal » (pour un bilan comparatif des différents types de mesures, par exemple en Suède, voir Sianesi [2008]). Les destinées des bénéficiaires d'emplois subventionnés dans le secteur non marchand sont moins favorables et se révèlent même parfois moins bonnes que celles de chômeurs n'ayant bénéficié d'aucune mesure. Comment expliquer ces résultats ? Il se peut que subsiste un biais de sélection, toujours difficile à éliminer complètement. Mais il se peut aussi que les emplois aidés dans le secteur non marchand nuisent à la reprise d'emploi *via* deux effets. Le premier, l'*effet d'enfermement* (*lock-in*) découle du fait que, pendant qu'elle est en mesure, la personne ne recherche pas un emploi « normal », ce qui retardera son retour en emploi. Le second, sans doute aussi important, est un *effet de stigmatisation*, que des évaluations expérimentales américaines ont mis en lumière aussi pour d'autres types d'aides à l'emploi ciblées : le fait d'avoir bénéficié d'une mesure (*a fortiori* dans le secteur non marchand) est perçu par les employeurs comme un *signal* négatif sur les compétences et/ou la motivation de la personne.

Un autre résultat fréquent est que les dispositifs de formation ont généralement un impact faible, voire souvent nul et même parfois négatif sur les chances de retour à l'emploi de leurs bénéficiaires. Ceci semble d'autant plus le cas que ces derniers sont au départ peu qualifiés et éloignés de l'emploi. Ce résultat amène certains économistes, notamment James Heckman, qui a reçu le prix Nobel d'économie pour ses travaux d'évaluation, à penser que les compétences cognitives, et surtout non cognitives (c'est-à-dire notamment comportementales : concentration, motivation, relation à autrui...), acquises au cours de l'enfance, jouent un rôle déterminant pour l'acquisition de capital humain et les chances d'insertion professionnelle tout au long de la vie [Heckman, 2000]. Si ces compétences fondamentales n'ont pas été acquises, les dispositifs de formation à l'âge adulte peuvent se révéler inutiles.

De façon générale, les travaux menés dans les pays de l'OCDE montrent cependant que des mesures de même nature peuvent avoir des résultats sensiblement différents, selon les modalités de leur conception et de leur mise en œuvre, mais aussi selon le public ciblé, ainsi que selon le contexte (conjoncturel et institutionnel) dans lequel elles ont été déployées [Martin et Grubb, 2001]. Il est donc souvent hasardeux de généraliser les résultats d'une étude particulière.

Les effets des mesures actives sur l'emploi et le chômage

Les effets de déperdition au niveau des entreprises. — On peut essayer d'estimer les effets de *créations nettes* d'emploi dans les entreprises qui recourent aux dispositifs de subventions ciblées de la politique active de l'emploi. Ceux-ci sont en général faibles, du fait de deux effets de déperdition directs. D'une part, une entreprise peut recourir à un contrat subventionné pour un emploi qu'elle aurait de toute façon créé : elle bénéficie alors d'un *effet d'aubaine*. Il s'agit d'un effet d'aubaine « pur » si l'entreprise a recruté la personne qu'elle aurait de toute façon embauchée. Si, du fait du ciblage de la mesure, elle a recruté un salarié aux caractéristiques différentes (un jeune, un chômeur de longue durée...) de celles de la personne qu'elle aurait recrutée spontanément, il s'agit alors d'un *effet de substitution* — qui a un effet positif sur les chômeurs ciblés, mais qui n'entraîne pas de création nette d'emplois. On estime que la déperdition directe est d'autant plus importante — pouvant atteindre plus de 80 % — que la mesure est peu ciblée et peu contraignante en termes de contrepartie exigée de l'entreprise (en formation par exemple) [DARES, 2004]. L'effet de déperdition directe est sans doute plus important dans les grandes entreprises — leur service de ressources humaines pouvant faire la « chasse » systématique aux primes pour chaque embauche.

Il faut enfin tenir compte aussi d'un potentiel effet plus indirect de déperdition : une entreprise bénéficiant d'emplois aidés peut renforcer sa compétitivité au détriment de ses concurrentes — et par là contribuer à détruire des emplois chez ces dernières —, engendrant un *effet d'éviction*.

Les effets sur le niveau d'emploi et de chômage au niveau global. — Au-delà, et ce pour l'ensemble des mesures de la politique active de l'emploi, il faut prendre en compte tout un ensemble d'effets induits par les mesures (les *effets dits de bouclage*) — comme par exemple les conséquences des revenus distribués sur la consommation, ou celles des prélèvements obligatoires nécessaires à leur financement, etc. On peut donc essayer d'évaluer l'impact au niveau macroéconomique sur l'emploi et le chômage. Il semblerait, quand on fait des comparaisons au niveau macroéconomique entre pays et dans le temps, que les résultats soient en quelque sorte inverses de ceux constatés au niveau des bénéficiaires [Bassanini et Duval, 2006 ; Boone et Van Ours, 2004 ; OCDE, 2006]. Les subventions à l'emploi ne semblent pas avoir d'impact significatif sur le niveau de chômage. Ceci laisserait supposer que l'amélioration du sort des bénéficiaires se fait en majeure partie au détriment de celui des non-bénéficiaires, *via* les effets de substitution et d'éviction. En revanche, toujours au niveau global, le niveau du chômage semble d'autant plus faible que les dépenses en formation sont élevées.

Il faut remarquer que des mesures actives peuvent avoir un impact sur le chômage même si leur impact sur le niveau d'emploi global est faible, voire nul. En effet, l'aide à la recherche d'emploi offerte par le Service public de l'emploi (SPE), ainsi que les mesures de formation, ont pour objet d'améliorer le *processus d'appariement* et l'*adéquation* de l'offre et de la demande — et donc de faire baisser le nombre d'emplois non pourvus (« vacants ») en même temps que le chômage (et donc de déplacer vers la gauche et le bas la courbe de Beveridge, voir encadré 5, chapitre II). Agir directement sur le niveau d'emplois offerts par les entreprises relève plutôt des politiques plus globales que nous étudierons plus bas.

Les réformes des politiques actives dans les pays de l'OCDE

Sans pouvoir parler d'une véritable convergence — on a vu que les spécificités nationales restaient fortes (voir tableau 10 plus haut) —, on assiste, depuis la seconde moitié des années 1990, à quelques grandes tendances communes dans les évolutions des politiques actives de l'emploi au sein des pays industrialisés.

L'activation. — L'activation renvoie à une stratégie globale visant à réduire les dépenses passives au profit des dépenses actives. Elle repose sur une idée simple : il vaut mieux consacrer des efforts à aider les chômeurs à trouver un emploi plutôt qu'à simplement les indemniser. Si certains dispositifs de subvention à l'emploi ont pu consister à faire bénéficier l'employeur de l'indemnisation du chômeur qu'il acceptait d'embaucher, les expériences de transformation directe de dépenses passives en dépenses actives sont restées en général très marginales [Elbaum, 2006]. Plus que sur les mesures, l'« activation » a porté sur les chômeurs eux-mêmes : elle a consisté à leur imposer, généralement au-delà d'une certaine durée de chômage indemnisé, d'entrer dans un dispositif d'« activation ».

Les Danois ont été parmi les premiers à avoir adopté ce genre de mesures. À partir de 1994, ils ont rendu obligatoire le suivi d'une formation (au moins à 75 % du temps) au bout d'un an de chômage, et aboli la possibilité de refuser toute offre d'un programme d'activation de l'agence pour l'emploi (formation, emploi subventionné dans les secteurs public et privé...) sur l'ensemble de la période d'indemnisation, elle-même réduite à quatre ans au lieu de sept [Boyer, 2006]. Il est intéressant de noter que cette politique semble avoir été efficace surtout par son *effet de dissuasion* (ou *« menace »*) : on constate que les taux de sortie de chômage augmentent significativement à l'approche du seuil d'un an de chômage (le changement de législation intervenu en 1994 s'étant lui-même traduit par une augmentation du taux de retour à l'emploi de... 145 % !) [Geerdsen, 2006]. Pour le reste, une fois déduit cet effet de dissuasion, les résultats semblent assez conformes à ceux mentionnés plus haut (notamment pour la Suède) : seules les subventions dans le secteur privé semblent avoir un effet positif sur leurs bénéficiaires, et encore très léger. Au Royaume-Uni, le gouvernement de Tony Blair a instauré le *New Deal* en 1998, ciblé dans un premier temps sur les jeunes et étendu par la suite. Le principe est le même : rendre obligatoire la participation à un programme de politique active (incluant formation, emploi subventionné dans le secteur privé, bénévolat dans le secteur de l'environnement ou du social...).

L'activation a trouvé un prolongement naturel, au-delà des seuls bénéficiaires de l'indemnisation du chômage, dans la stratégie plus globale de « rendre le travail rentable » (*making work pay*) — le *New Deal* britannique, par exemple, s'inscrivant dans une stratégie globale de *welfare to work*. Elle a parfois reposé sur la logique du *workfirst*, selon laquelle n'importe quel emploi est préférable à une prestation sociale de remplacement (indemnisation du chômage ou autre). Une telle logique, en axant l'action sur le retour le plus rapide possible en emploi, peut déboucher sur des appariements de moindre qualité, au détriment avant tout des chômeurs, mais aussi de la société tout entière (voir chapitre III, sur l'indemnisation du chômage). Elle s'oppose à une logique d'*empowerment*, fondée sur l'accroissement des capacités et opportunités des chômeurs — ou encore, de leurs « capabilités » selon la terminologie de l'économiste et prix Nobel Amartya Sen — et qui repose davantage sur un accompagnement de qualité des chômeurs et sur des programmes de formation. Si l'activation britannique relève plutôt de la première logique, l'activation danoise s'apparente plutôt à la seconde [Barbier, 2002].

L'individualisation et le renforcement du suivi des chômeurs. — L'individualisation et le renforcement du suivi sont allés de pair avec l'activation [CERC, 2005]. Ceci s'est notamment traduit par une mise en œuvre systématique du *profilage* des chômeurs [Georges, 2007]. Cette pratique consiste à les classer selon leur degré d'employabilité — repéré en fonction de caractéristiques individuelles (dont leur parcours antérieur). Ce sont les caisses de chômage américaine qui les premières ont mis en place ce type de procédure pour faire des économies budgétaires : l'objectif était en effet de repérer dès leur inscription les chômeurs susceptibles de rester longtemps au chômage — et donc de coûter cher en indemnisation — pour les orienter en priorité vers des dispositifs supposés accélérer le retour en emploi. De façon générale, le profilage sert à orienter les chômeurs vers les mesures censées leur être le mieux adaptées, et il repose soit sur l'usage d'un *modèle statistique* (établissant des corrélations entre caractéristiques individuelles et employabilité et/ou profil pour telle ou telle mesure), soit sur l'expertise plus ou moins standardisée des agents du Service public de l'emploi, soit sur les deux — comme c'est le cas en France depuis le milieu des années 2000.

Le renforcement du suivi des chômeurs s'est souvent traduit par un durcissement des procédures de contrôle de l'effectivité de la recherche d'emploi. Quand on fait le bilan des mesures mises en œuvre, il semblerait que le simple renforcement du contrôle ait en moyenne assez peu d'impact sur la durée de chômage indemnisée, mais que, en revanche, celle-ci puisse être significativement diminuée par le recours à des programmes d'accompagnement individualisé [Fougère, 2000]. En France, la mise en place à partir de 2001 du plan d'aide au retour de l'emploi (PARE), se fondant pour chaque chômeur sur un projet d'action personnalisée (PAP), semble avoir un effet positif au moins en termes de réduction de la *récurrence du chômage* (voir chapitre I) [Crépon, Dejemeppe et Gurgand, 2005], dénotant par là un effet positif sur la qualité de l'appariement.

Les réformes institutionnelles dans la gouvernance et la mise en œuvre des politiques de l'emploi. — Activation et individualisation se sont souvent accompagnées de réformes importantes des institutions qui mettent en œuvre les politiques de l'emploi. Ceci s'est traduit par le rapprochement (voire la fusion) entre le Service public de l'emploi et l'organisme en charge de l'indemnisation du chômage — sur le modèle des *Jobcenters Plus* au

Royaume-Uni, qui gèrent à la fois l'indemnisation et l'accompagnement des chômeurs. La fusion en 2009 en France entre l'ANPE et l'Unedic dans un nouvel organisme, Pôle Emploi, vise aussi à contribuer à rationaliser une gouvernance de la politique de l'emploi qui souffre de nombreux défauts : dilution des responsabilités entre les différents acteurs (États, partenaires sociaux, collectivités territoriales et acteurs locaux), dispersion des financements, multiplicité et instabilité dans le temps des dispositifs... [CERC, 2005].

Une autre grande tendance à l'œuvre est la sous-traitance croissante des activités d'accompagnement des chômeurs à des opérateurs extérieurs au Service public de l'emploi — le plus souvent privés, mais pas forcément à but lucratif [Gratadour et Mansuy, 2006]. Face à la diversification des prestations liée à l'individualisation du suivi, sous-traiter permettrait de profiter à la fois des économies d'échelle et de l'accumulation d'expérience lié à la spécialisation de l'opérateur sur une activité particulière (par exemple : bilan de compétences, réinsertion des publics les plus en difficulté). L'idée est aussi de faire jouer la concurrence, en recourant à des appels d'offres, pour réduire les coûts. L'Australie est sans doute le pays qui est allé le plus loin dans cette direction, puisque l'accompagnement y est entièrement sous-traité. Au milieu des années 2000, le principal opérateur y est une filiale de l'Armée du Salut, organisation caritative.

Un problème important concerne le contrôle de la qualité des prestations, notamment quand il s'agit de l'accompagnement vers l'emploi : il faut imaginer notamment des procédures de rémunération des opérateurs pour éviter les comportements opportunistes de leur part (comme l'*écrémage* des chômeurs les moins employables, évoqué plus haut, ou le placement en emploi précaire ou inadéquat). Certains SPE procèdent par exemple à un paiement en trois temps : un tiers au moment de la prise en charge du chômeur, un tiers au moment où ce dernier accède à l'emploi, et le dernier tiers s'il est toujours en emploi au bout d'une certaine durée (par exemple six mois). Cependant, comme semble le montrer l'expérience australienne, la modulation des procédures de paiement ne suffit pas toujours à régler le problème de la qualité. Le SPE doit alors mettre en place des procédures de contrôle coûteuses et bien évaluer s'il ne lui revient pas plus cher dans certains cas de « faire faire » plutôt que d'assurer lui-même la prestation.

Les politiques globales agissant sur la demande et sur l'offre de travail

Les actions sur le coût du travail

Baisser le coût relatif du travail peu qualifié. — Nous avons vu dans le chapitre II qu'aussi bien la mondialisation que les transformations des processus productifs ont pu jouer en défaveur des travailleurs peu qualifiés dans les pays industrialisés à partir de la fin des années 1970. Dans certains pays, et en premier lieu les États-Unis, la conséquence a été une forte baisse de leur salaire relatif jusqu'à la première moitié des années 1990. Celle-ci a été permise par une progression du salaire minimum beaucoup plus faible que le salaire moyen et même que les prix sur l'ensemble de la période. Dans ces pays, l'emploi non qualifié s'est en partie « déversé » dans les secteurs de services, notamment aux particuliers, relativement abrités aussi bien du progrès technique que de la mondialisation — les emplois des *fast-foods* en étant le symbole. Mais il faut noter aussi que de nombreux travailleurs non qualifiés ont simplement quitté le marché du travail. Dans les pays européens où le salaire des non-qualifiés était « rigide à la baisse », du fait par exemple d'un salaire minimum élevé en termes relatifs, l'idée est apparue de recourir à des mesures spécifiques visant à réduire le coût relatif des travailleurs peu qualifiés, et rendre ainsi la croissance plus « riche en emplois » (selon les mécanismes exposés dans l'encadré 8).

L'expérience française de la politique de baisse des cotisations sociales sur les bas salaires. — Même si la France n'est pas le seul pays à avoir appliqué des dispositifs de réduction des cotisations sociales au niveau des bas salaires, elle l'a fait de façon beaucoup plus massive qu'ailleurs. Cette politique, entamée en 1993 par l'adoption de la loi « quinquennale pour l'emploi », a été maintenue et même amplifiée par la suite, avec de multiples changements dans la législation (pour une synthèse détaillée, voir L'Horty [2006, chapitre 2], et Rémy [2006]). Depuis 2005, toutes les entreprises peuvent bénéficier d'une réduction dégressive de cotisations sociales patronales, qui atteint son maximum de 26 points (en pourcentage du salaire brut) au niveau du SMIC, et qui diminue continûment pour s'annuler au niveau d'un

Encadré 8. Les effets attendus d'une baisse du coût du travail peu qualifié

L'impact de cette baisse sur l'emploi des peu qualifiés peut transiter par plusieurs types d'ajustements. Au niveau microéconomique, deux effets directs peuvent jouer. Le premier mécanisme est l'*effet de substitution* : les entreprises vont substituer du travail peu qualifié à du travail qualifié et à du capital, qui voient quant à eux leur coût relatif augmenter. Le second est un *effet volume* : la baisse du coût de production de l'entreprise peut se répercuter sur ses prix de vente, ce qui devrait entraîner une hausse de la demande qui lui est adressée, et par là une augmentation de son volume de production, et donc d'emploi (non qualifié comme qualifié). L'impact sera d'autant plus important que la demande est sensible au prix — ou encore, que l'*élasticité-prix* de la demande est forte.

Mais il faut prolonger le raisonnement au niveau macroéconomique : les entreprises peuvent baisser d'autant plus leur prix que leur processus de production est au départ intensif en travail peu qualifié. En d'autres termes, la baisse du coût relatif de ces derniers devrait donc entraîner une modification des *prix relatifs* des biens et services. Les consommateurs devraient donc acheter davantage de biens et services intensifs en travail peu qualifié (augmentant par là l'emploi de ce dernier) — et, symétriquement, moins de biens et services intensifs en travail qualifié et capital. Au niveau macroéconomique, on assistera donc à un accroissement de la demande de travail peu qualifié, au détriment de celle de travail qualifié et de capital. Il est vraisemblable que cet effet de substitution « macroéconomique » — *via* la répercussion de la modification des prix relatifs sur les demandes relatives — puisse jouer potentiellement autant sinon plus que l'effet de substitution microéconomique, qui est certainement très limité dans de nombreuses activités, notamment (mais pas uniquement) industrielles — Airbus ne va pas substituer des ouvriers spécialisés à des ingénieurs même si le coût des premiers baisse de façon importante.

Effet de volume au niveau microéconomique et effet de substitution au niveau macroéconomique supposent que les entreprises répercutent effectivement la baisse du coût du travail sur leurs prix de vente, en d'autres termes, qu'elles limitent leur *comportement de (préservation de) marge*, ce qui n'est pas toujours le cas [Gaudron, 1998]. Elles sont d'autant moins incitées à le faire qu'elles sont dans un secteur abrité et peu concurrentiel — par exemple du fait des réglementations limitant la concurrence. L'impact positif sur l'emploi d'une politique de réduction du coût du travail peut donc être renforcé par une politique visant à accroître la concurrence dans les activités intensives en travail peu qualifié : on a ici un exemple de complémentarité institutionnelle évoquée dans le chapitre précédent.

salaire égal à 1,6 SMIC. Depuis 2007, le maximum atteint même 28,1 % du salaire brut pour les entreprises de moins de vingt salariés. En 2006, le coût de cette politique s'élevait à 19 milliards d'euros (1,1 % du PIB), soit nettement plus que l'ensemble des dispositifs ciblés (politique active du marché du travail plus préretraites), dont le montant s'élevait à environ 14 milliards d'euros [Roguet, 2008].

L'effet de cette politique en termes d'emplois non qualifiés créés ou sauvegardés a fait l'objet d'estimations très diverses (variant d'un facteur de 1 à 4,5 environ à montant de dépense donné [L'Horty, 2006]), mais qui toutes mettent en lumière un impact positif. À partir de 1993, la baisse de l'emploi non qualifié, ininterrompue au cours de la décennie précédente, est enrayée et celui-ci se met même à croître plus rapidement que l'emploi qualifié. Une étude portant sur les flux d'embauches et de licenciements tend à montrer que, au moins en début de période, la mesure d'allègement semble avoir surtout ralenti les destructions d'emplois peu qualifiés dans les entreprises en déclin, l'effet sur l'augmentation des embauches étant moins net [Kramarz et Philippon, 2001]. À moyen terme, cette politique a contribué à l'enrichissement de la croissance française en emplois que nous avons noté dans le chapitre II (voir tableau 9). Cependant, elle a fait l'objet de deux critiques principales.

D'une part, elle a pu contribuer à accroître la *trappe à bas salaires*. En effet, toute augmentation de salaires en dessous du seuil à partir duquel l'exonération s'annule (par exemple, de 1,1 à 1,2 SMIC) engendre une diminution de l'exonération dont bénéficie l'employeur — du fait de sa nature dégressive. Quand le SMIC augmente, l'employeur est d'autant moins incité à répercuter la hausse sur les salariés qui sont rattrapés par l'augmentation (et donc qui gagnaient plus que le SMIC avant la hausse) qu'il voit le montant de son exonération pour ces derniers s'accroître — et donc leur coût du travail baisser [L'Horty, 2000]. Cependant, un effet pourrait jouer en sens contraire : quand l'employeur bénéficie d'une exonération, il pourrait redistribuer à son salarié une partie du surplus correspondant sous forme d'augmentation du salaire. D'après les résultats de Lhommeau et Rémy [2008] cependant, ce second effet potentiel ne semble pas compenser le premier, et l'impact global aurait été négatif sur la mobilité salariale des travailleurs à bas salaires. Au total, comme le souligne L'Horty [2006], la diminution du chômage risque de se faire au prix d'une augmentation du nombre de travailleurs (potentiellement) pauvres. On peut noter en outre que chaque augmentation du SMIC amène une augmentation du coût des exonérations pour l'État — 1 % d'augmentation entraînant environ 600 millions d'euros de dépenses supplémentaires en 2008. En période de restriction budgétaire, la tentation peut donc être forte de limiter les hausses du SMIC, ce qui réduit d'autant les perspectives salariales des salariés les moins rémunérés.

D'autre part, certains contestent les principes mêmes d'une politique qui amène à développer les emplois peu qualifiés, qui plus est en partie au détriment des emplois qualifiés [Gaudron, 1998]. De ce point de vue, il peut y avoir une contradiction potentielle entre une politique de court-moyen terme de lutte contre le chômage et une stratégie de long terme, visant à fonder la croissance sur l'innovation et les emplois qualifiés.

La réduction du temps de travail

L'impact d'une réduction du temps de travail sur l'emploi dépend d'une multitude de paramètres, liés non seulement aux modalités de la politique adoptée, mais aussi aux contraintes et caractéristiques spécifiques à chaque entreprise — dépendant notamment de sa taille, son processus de production, ses relations sociales (voir encadré 9).

Depuis le début des années 1980, plusieurs expériences de réduction du temps de travail ont eu lieu. En 1982 en France, la durée légale du travail est abaissée de 40 heures à 39 heures, avec compensation intégrale des salaires. Le bilan que l'on semble pouvoir tirer de cette expérience est plus que mitigé. La première année d'application, 62 % des entreprises ont diminué leur production (dont 38 % proportionnellement à la réduction du temps de travail) [Marchand *et al.*, 1983]. D'après l'étude de Crépon, Kramarz et Turpin [2002], en 1982, la probabilité de perdre leur emploi des salariés passés de 40 heures à 39 heures a été supérieure, toutes choses égales par ailleurs, à celle des salariés qui étaient déjà à 39 heures avant la loi (et qui n'ont donc pas vu leur durée de travail réduite).

En Allemagne, entre 1984 et 1994, un grand nombre d'accords conventionnels ayant pour but de partager le travail ont été adoptés, le plus souvent au niveau des branches, entraînant une baisse effective de la durée du travail d'environ deux heures. D'après l'évaluation de Hunt [1999], ces accords se sont traduits par le maintien des salaires des travailleurs en place, mais n'ont eu en moyenne aucun impact positif significatif sur l'emploi.

Les lois dites « Aubry » adoptées en 1998 et 2000 ont constitué, au sein des pays industrialisés, une expérience sans équivalent par son ampleur (réduction de la durée légale de 39 heures à 35 heures) et son échelle (pratiquement tous les secteurs étant concernés). Elle s'accompagnait en outre d'un contingentement des heures supplémentaires, pour faire en sorte que cette réduction de la durée *légale* se répercute le plus possible sur la durée *effective*.

Les lois reposaient sur le principe d'un maintien intégral du salaire, mais dont le surcoût devait être compensé à court et moyen termes par plusieurs facteurs. D'abord, les entreprises se voyaient accorder des exonérations supplémentaires de cotisations sociales — d'un montant d'autant plus élevé qu'elles passaient rapidement aux 35 heures. Ensuite, il était attendu une modération des augmentations de salaires sur les années suivant la mise en place des 35 heures. Enfin, des gains de productivité devaient résulter de la réorganisation du temps de travail — facilitée notamment par un assouplissement des conditions d'*annualisation* (celle-ci renvoyant à la possibilité de comptabiliser le temps de travail sur l'année et non pas la semaine, ce qui laissait à l'entreprise la possibilité de faire travailler ses salariés plus que 35 heures certaines semaines, sans recourir à des heures supplémentaires). Ces deux derniers facteurs dépendaient de fait des négociations qui devaient être menées au sein de chaque entreprise. Loin d'être uniquement centralisées et autoritaires, les lois sur les 35 heures laissaient donc une marge importante d'adaptation au niveau des entreprises.

L'appréciation globale des effets des « 35 heures » reste sujette à de nombreux débats, souvent passionnés. Au niveau global, les évaluations convergeraient vers des créations d'emplois de l'ordre de 300 000 à 350 000 sur la période 1998-2002 [Askenazy *et al.*, 2005], mais elles restent contestées [Cahuc, 2005]. Il est intéressant de noter, comme on pouvait s'y attendre, une assez grande diversité au niveau des entreprises. Il semblerait que certaines, et notamment beaucoup parmi les premières à être passées aux 35 heures, aient fait des gains substantiels de productivité (du fait des réorganisations) et, grâce à la modération

Encadré 9. L'impact de la réduction de la durée de travail sur l'emploi : les mécanismes à l'œuvre

L'idée de « partager le travail » en en réduisant sa durée repose sur une intuition simple, que l'on peut formaliser à partir de l'équation suivante :

$Y = Prt \times N$, (1) où Y désigne la production, Prt la productivité moyenne par tête, et N le nombre d'emplois. Ou encore, si Prh désigne la productivité moyenne horaire, et D la durée moyenne du travail (*i. e.* le nombre moyen d'heures travaillées par emploi) :

$Y = Prh \times D \times N$ (1bis) du fait simplement que, par définition, $Prt = Prh \times D$.

Par approximation (pour des petites valeurs), on peut déduire de l'équation (1bis) une deuxième relation :

$\dot{Y} = \dot{P}rh + \dot{D}t + \dot{N}t$ (où $\dot{X}$ désignant le taux de croissance de la variable X)

ou encore :

$\dot{N}t = \dot{Y} - \dot{P}rh - \dot{D}t$ (2).

De l'équation (2), on pourrait en déduire qu'il suffit de réduire la durée du travail ($\dot{D} < 0$) pour enrichir la croissance en emplois. Cependant, il ne faut pas confondre des égalités comptables — toujours vérifiées *ex post*, c'est-à-dire une fois les ajustements économiques opérés — et les relations directes et causales entre variables ($\dot{D} => \dot{N}$). Différents phénomènes, à court comme à moyen terme, peuvent en effet venir réduire, voire annuler, l'effet « partage du travail » — c'est-à-dire l'impact positif direct d'une réduction de la durée du travail sur l'emploi.

Une baisse de la durée du travail peut s'accompagner d'abord d'une augmentation de sa *productivité horaire* (augmentation de $\dot{P}rh$). En effet, pour de nombreuses activités, on peut supposer que celle-ci décroît avec le nombre d'heures travaillées : si on travaille 30 heures, chaque heure sera sans doute plus productive que si on travaille 40 heures. La hausse de la productivité horaire peut résulter aussi simplement d'une *intensification du travail* — si les entreprises décident par exemple d'accroître les cadences, de réduire ou supprimer les temps de pause, etc. Plus les gains de productivité horaires sont élevés, moins les entreprises ont besoin d'embaucher pour maintenir leur niveau de

salariale et aux exonérations, qu'elles aient pu réduire de façon significative leur coût unitaire en travail, et au total créer de nombreux emplois [Crépon, Leclair et Roux, 2005]. Cependant, il se peut qu'elles l'aient fait en gagnant des parts de marché au détriment d'autres entreprises, où l'emploi a pu donc baisser (voir *effet d'éviction*).

Agir du côté de l'offre de travail

Le problème de l'incitation au travail. — Depuis la seconde moitié des années 1990, dans la lignée notamment de l'accent mis sur l'activation (voir plus haut), on a assisté, au sein des pays production (et donc plus faible est l'effet « partage du travail »).

Mais la production (et donc l'emploi) peut elle-même ralentir voire baisser si *les coûts unitaires* (c'est-à-dire par unité produite) des entreprises s'accroissent (impact négatif sur $\dot{Y}$). Cette augmentation de coût peut résulter d'une *compensation salariale* intégrale (maintien des salaires hebdomadaires alors que la durée hebdomadaire du travail baisse). En cas de gains de productivité horaire, il n'est cependant pas nécessaire, pour maintenir constant le coût unitaire en travail, de baisser les salaires autant que la durée du travail.

Cependant, même si le coût unitaire en travail reste constant avec les nouvelles embauches, les entreprises ne seront pas incitées à embaucher pour autant : les éventuels embauchés devront en effet être « équipés » (tout poste de travail nécessitant du matériel : machine, mobilier, espace de travail...), ce qui entraîne une élévation du coût unitaire en capital. Pour éviter cette augmentation, il faut donc augmenter la durée d'utilisation du capital — par exemple en développant le « travail posté » (équipes en 2 × 8, 3 × 8 se succédant dans les mêmes locaux et utilisant le même matériel). La réduction du temps de travail doit donc s'accompagner d'une *réorganisation* de ce dernier [Cette et Taddéi, 1997].

Nous avons raisonné jusqu'ici sur une réduction de la durée *effective* du travail. Si la politique porte sur la réduction de la *durée légale* du travail (qui définit le seuil à partir duquel les heures deviennent *supplémentaires*), certaines entreprises peuvent préférer recourir à des heures supplémentaires en dépit de leur tarif plus élevé plutôt qu'à des embauches pour maintenir leur niveau de production.

Au-delà de ces effets directs au niveau microéconomique, il faut aussi tenir compte des effets de « bouclage » potentiels de la politique mise en œuvre. Si cette dernière induit effectivement des embauches au niveau micro, elle peut se traduire par une redistribution de revenu des salariés en place (si la compensation salariale n'est pas intégrale) vers les nouveaux embauchés, et donc une augmentation de la propension à consommer dans l'économie qui peut avoir un impact positif sur la demande globale.

de l'OCDE, à une focalisation croissante sur les problèmes d'incitation au travail (plus exactement, à la prise d'emploi). Cette préoccupation découle d'un constat simple : pour de nombreuses personnes sans emploi, étant donné les systèmes de prestation sociales, il n'y a aucun avantage financier à prendre un emploi. Ces personnes sont alors « piégées » dans une *trappe à inactivité* (plus exactement, même si le terme est moins utilisé : une *trappe à non-emploi*).

En France depuis la fin des années 1990, plusieurs travaux ont notamment montré le faible gain à la reprise d'emploi pour les personnes au revenu minimum d'insertion (RMI) [Gurgand et Margolis, 2001] — si on suppose (ce qui est vérifié dans les faits) que ces derniers accèdent avant tout à des emplois payés au SMIC horaire, et souvent à temps partiel. Ce gain peut même être nul voire nettement négatif dans certaines configurations familiales lorsqu'on prend en compte l'ensemble des aides sociales, notamment locales [Anne et L'Horty, 2009]. Au-delà des seuls allocataires des aides sociales, selon les estimations des Laroque et Salanié [2000] prenant en compte l'ensemble du système redistributif (hors aides locales), plus de la moitié (57 %) des personnes sans emploi (incluant donc aussi les inactifs) n'auraient pas d'intérêt financier à travailler — constituant par là la fraction « volontaire » du non-emploi. Cette étude a cependant suscité beaucoup de critiques [Sterdyniak, 2000].

Il faut se garder néanmoins d'inférer les comportements des personnes à partir du constat du seul gain financier immédiat qu'ils auraient à reprendre l'emploi. Des enquêtes ont ainsi mis en lumière qu'une proportion importante (environ 30 %) de bénéficiaires de RMI qui avaient retrouvé un emploi déclaraient ne pas avoir amélioré leur situation financière et, pour une partie d'entre eux, l'avoir même dégradée [Guillemot, Pétour et Zajdela, 2002]. Ces constats montrent que le gain financier immédiat n'est pas toujours le motif déterminant de la reprise d'emploi. Le travail peut être évidemment valorisé pour lui-même, du fait de ses vertus socialisatrices. Mais, du point de vue de la stricte rationalité économique, il peut être aussi « rentable » de reprendre un emploi même si on n'y gagne pas à court terme, si on en attend une amélioration plus substantielle de sa situation financière à plus long terme. Il n'en reste pas moins que l'absence de gain financier immédiat à la reprise d'emploi pose problème et rend nécessaire l'adoption de politiques pour « rendre le travail rentable » — selon l'expression popularisée par l'OCDE (*making work pay*).

Rendre le travail rentable. — Dès la fin des années 1980 ont été développés en France des dispositifs d'« intéressement » consistant à permettre aux titulaires de minima sociaux de cumuler leur allocation et leur revenu d'activité sur une période transitoire. Une prime à la reprise d'emploi de 1 000 euros (si ce dernier est conservé au moins quatre mois) a été aussi instaurée en 2005. Il n'existe à l'heure actuelle pas d'évaluation de son effet incitatif.

Plusieurs pays ont mis en place des systèmes d'incitations plus pérennes, généralement sous la forme d'un crédit d'impôt dont le montant décroît avec le revenu d'activité et s'annule au-delà d'un certain seuil de revenu. C'est le cas par exemple des États-Unis avec l'*Earned Income Tax Credit* (EITC), du Royaume-Uni (le *Working Tax Credit*), mais aussi, depuis 2001, de la France avec la prime pour l'emploi (PPE) — dispositif cependant beaucoup moins ciblé et donc moins généreux pour les bas revenus que les deux précédents [Cahuc et Zylberberg, 2004]. À partir de 2009, le revenu de solidarité active (RSA) devrait venir s'ajouter à la PPE et se substituer au dispositif d'intéressement. Toute personne titulaire du RMI à taux plein (soit 455 euros début 2009 pour une personne seule) prenant un emploi pourrait conserver celui-ci, amputé d'un montant équivalent à 38 % de son revenu d'activité. Si R_{act} désigne le revenu d'activité, on a donc : $RSA = RMI - 0{,}38\ R_{act}$ (le RSA s'annulant lorsque 38 % du revenu d'activité dépasse le montant du RMI).

Les évaluations des effets de l'EITC aux États-Unis montrent qu'il aurait un impact positif important sur la reprise d'emploi des bénéficiaires des aides sociales — en premier lieu des femmes seules, mères de famille. En revanche, il aurait eu un effet négatif sur le nombre d'heures travaillées des conjointes dans certains couples. Ce second effet semble confirmé aussi pour la PPE en France [Stancanelli, 2008].

Au-delà d'un crédit d'impôt, rendre le travail rentable peut exiger le déploiement d'aides plus ciblées sur la prise en charge d'un certain nombre de coûts qui peuvent être autant d'obstacles à la reprise d'emploi, et en premier lieu les coûts de transports et les coûts de garde d'enfants.

En guise de conclusion / Au-delà du chômage

Le chômage est-il dépassé ? La question pourrait sembler étonnante, voire provocatrice, à l'heure où, suite à la crise financière de la fin 2008, le chômage est reparti fortement à la hausse dans de nombreux pays. En fait, cette question ne porte pas tant sur le niveau de chômage que sur la catégorie même de « chômage », en tant qu'outil de représentation et d'action sur la réalité économique et sociale. En effet, de nombreux indices laissent penser que cette catégorie est aujourd'hui moins pertinente pour rendre compte des problèmes du marché du travail, et qu'elle doit être complétée par d'autres indicateurs, qui renvoient en même temps à d'autres préoccupations.

Un premier indice de cette remise en cause est le fait que, de façon croissante, c'est le *taux d'emploi* et non plus seulement (et même prioritairement) le taux de chômage qui sert de critère de performance et en même temps d'objectif des politiques publiques, notamment dans les discours des institutions internationales comme l'OCDE ou de la Commission européenne. Ainsi, au sommet de Lisbonne en 2000, les États membres de l'Union européenne se sont fixé comme objectif pour 2010 non pas de réduire le chômage en dessous d'un certain seuil, mais d'atteindre un taux d'emploi de 70 % de la population en âge de travailler (15-64 ans). On peut voir deux raisons à ce changement. La première renvoie aux limites de la catégorie de chômage elle-même : nous avons souligné dans le chapitre I combien la frontière entre inactivité et chômage pouvait être floue pour un grand nombre de personnes. La seconde relève d'un changement de préoccupation : la priorité est aujourd'hui dans les pays industrialisés d'assurer l'équilibre financier des systèmes de protection sociale dans un contexte de vieillissement de la population. Ceci exige de baisser non seulement le nombre de chômeurs, mais aussi, à moyen terme, celui des inactifs, en premier lieu ceux qui bénéficient de prestations sociales.

Un second indice de l'affaiblissement de la centralité du chômage est la montée de la préoccupation pour la *qualité de l'emploi* (et non plus simplement sa quantité) [CEE, 2007]. Le salaire est évidemment une dimension importante : l'objectif recherché à travers la diminution du chômage n'est que très partiellement atteint s'il se fait au profit d'une augmentation de *travailleurs pauvres* — c'est-à-dire de travailleurs dont le niveau de vie n'atteint pas le seuil de pauvreté. La prise en compte de ces derniers amène à relativiser les performances en termes de chômage de certains pays, en premier lieu les États-Unis. Mais le phénomène touche aussi de façon croissante la France : en 2005, au seuil de pauvreté de 60 % du niveau de vie médian, environ 6,5 % des personnes ayant travaillé au moins sept mois dans l'année (critère retenu par Eurostat pour être considéré comme « travailleur ») étaient pauvres. 89 % d'entre elles avaient travaillé continûment au cours des douze derniers mois, dont 64 % à temps plein : les périodes de non-emploi et le temps partiel notamment involontaire (composante essentielle du « sous-emploi » — voir chapitre I) ne sont donc pas le facteur principal de la pauvreté laborieuse, du moins à ce seuil de pauvreté (60 % du niveau de vie médian), plus élevé que le seuil généralement retenu en France (50 %) [Ponthieux et Raynaud, 2007].

Au-delà de la seule rémunération, les dimensions de la qualité de l'emploi sont en fait multiples. Le BIT, qui couvre aussi les pays en voie de développement, promeut depuis le début des années 2000 le concept très large de *travail décent*, qui recouvre « un travail productif que femmes et hommes peuvent exercer dans des conditions de liberté, d'équité, de sécurité et de dignité qui s'accompagnent des caractéristiques suivantes : rémunération équitable ; sécurité sur le lieu de travail et protection sociale pour les travailleurs et leur famille ; possibilités de développement personnel et d'intégration sociale ; liberté d'expression et d'organisation et possibilité pour les travailleurs de participer aux décisions qui les concernent ; égalité de chances et de traitement pour tous » [BIT, 2007]. Le même organisme a aussi introduit le concept plus restreint d'*emploi inadéquat* pour qualifier les situations d'emploi « qui diminuent les aptitudes et le bien-être des travailleurs par rapport à une autre situation d'emploi ». Plus précisément, cette inadéquation peut résulter d'une « utilisation inadéquate ou mauvaise des compétences du travailleur », de « revenus inadéquats », d'un « nombre d'heures de travail excessif », d'« horaires variables, arbitraires ou mal commodes » ou enfin d'un « emploi précaire ». En ajoutant les travailleurs en sous-emploi, les salariés à bas salaires (c'est-à-dire qui gagnent moins que deux tiers du salaire médian), les salariés en emplois précaires et enfin les salariés travaillant plus de 44 heures par semaine ou travaillant de nuit, on obtient en 2005 pour la France un total de 11,4 millions de personnes qui pourraient être considérées selon ACDC [2007b] en « emploi inadéquat » au sens du BIT, soit 41 % de la population active. Cette estimation repose sur une conception large de l'« emploi inadéquat », mais elle a le mérite d'essayer de rendre cette notion opératoire.

Pour conclure, il est intéressant de se resituer dans une perspective historique longue, afin de comprendre comment on assiste au processus en quelque sorte inverse à celui qui avait débouché sur l'« invention » du chômage au tournant des XIXe et XXe siècles [Salais, Baverez et Reynaud, 1986 ; Topalov, 1994 ; Gautié, 2002]. Cette catégorie avait dans un premier temps servi à rationaliser le fonctionnement du marché du travail, en permettant d'identifier les sans-emploi valides et désireux de travailler, main-d'œuvre potentielle disponible pour une économie en pleine industrialisation. Le chômage est devenu par la suite la « question sociale » des démocraties occidentales de l'après-guerre, dont l'objectif était d'assurer le « plein emploi dans une société libre », selon le titre du rapport Beveridge [1944] — comme avait pu l'être le « paupérisme » au siècle précédent. La réussite en termes de « plein emploi » des pays industrialisés durant les trente glorieuses avait presque fait oublier que la pauvreté n'avait en fait jamais vraiment été complètement éradiquée.

La multiplication des indicateurs autour de ceux du chômage est un symptôme du fait que, si ce dernier reste encore longtemps au cœur des préoccupations publiques, il résume de moins en moins à lui seul la « question sociale ».

Repères bibliographiques

Liste des abréviations utilisées pour les titres de revues

AER = *American Economic Review*
CE = *Connaissance de l'emploi* (CEE)
CEPR = *CEPR Working Papers*
EJ = *Economic Journal*
EP = *Économie et Prévision*
ES = *Économie et Statistique*
IZA = *IZA Working Papers*
JEL = *Journal of Economic Literature*
JEP = *Journal of Economic Perspectives*
JPE = *Journal of Political Economy*
NBER = *NBER Working Papers*
OFCE = *Revue de l'OFCE*
PS = *Première Synthèse* (DARES)
QJE = *Quarterly Journal of Economics*
RE = *Revue économique*
RES = *Review of Economics and Statistics*
RFE = *Revue française d'économie*
TE = *Travail et Emploi.*

ABOWD J., CORBEL P. et KRAMARZ F. [1999], « The entry and exit of workers and the growth of employment : an analysis of French establishments », *RES*, vol. 81, n° 2, mars.

ABOWD J., KRAMARZ F., MARGOLIS D. et PHILIPPON T. [2000], « The tale of two countries : minimum wages and unemployment in France an the United-States », *IZA*, n° 203, septembre.

ACDC (collectif AUTRES CHIFFRES DU CHÔMAGE) [2006], « Les chômages invisibles », note n° 1, décembre.

— [2007a], « Des chômeurs en déficit », note n° 3, février.

— [2007b], « Pour en finir avec le « chiffre du chômage » », note n° 4, mars.

ACEMOGLU D. [2002], « Technical change, inequality and the labor market », *JEL*, vol. XL, mars.

ACEMOGLU D. et SHIMER R. [1999], « Efficient unemployment insurance », *JEP*, vol. 107, octobre.

ALGAN Y. et CAHUC P. [2007], *La Société de défiance*, CEPREMAP/Éditions Rue d'Ulm, Paris.

AMABLE B. [2005], *Les Cinq Capitalismes*, Seuil, Paris.

ANGRIST J. et KUGLER A. [2003], « Protective or counter-productive ? Labour market institutions and the effect of immigration on EU natives », *EJ*, vol. 113, juin.

ANNE D. et L'HORTY Y. [2009], « Les effets du revenu de solidarité active (RSA) sur le retour à l'emploi », *ES*, à paraître.

ASKENAZY P., BLOCH-LONDON C. et ROGER M. [2005], « La réduction du temps de travail 1997-2003 : dynamique de construction des lois "Aubry" et premières évaluations », *ES*, n° 376-377.

AUBERT P., CAROLI E. et ROGER M. [2006], « Nouvelles technologies et nouvelles formes d'organisation du travail : quelles conséquences pour l'emploi des salariés âgés ? », *RE*, n° 6.

AUER P. [2000], *Employment Revival in Europe*, ILO, Genève.

AUTOR D., KATZ L. et KEARNEY M. [2006], « The polarization of the U.S. labor market », *NBER*, n° 11986.

AYDEMIR A. et BORJAS G. [2006], « A comparative analysis of the labor market impact of international migration : Canada, Mexico and the United-States », *NBER*, n° 12327, juin.

BARBIER J.-C. [2002], « Peut-on parler d'"activation" de la protection sociale en Europe ? », *Revue française de sociologie*, avril-juin.

BARLET M., BLANCHET D., CRUSSON L., GIVORD P., PICART C., RATHELOT R. et SILLARD P. [2007], « Flux de main-d'œuvre, flux d'emplois et internationalisation », *in* Insee, *L'Économie française, édition 2007*, Insee, Paris.

BASSANINI A. et DUVAL R. [2006], « Employment patterns in OECD countries : reassessing the role of policies and institutions », *OECD Economics Department Working Papers*, n° 486.

BEHAGHEL L. [2005], « Les seniors, entre formation et éviction », *CE*, n° 14, avril.

— [2006], *Lire l'économétrie*, La Découverte, « Repères », Paris.

BEHAGHEL L., CRÉPON B. et SÉDILLOT B. [2005], « Contribution Delalande et transitions sur le marché du travail », *ES*, n° 372.

BÉNASSY J.-P. [1984], *Macroéconomie et théorie du déséquilibre*, Dunod, Paris.

BERTRAND M. et KRAMARZ F. [2002], « Does entry regulation hinder job creation ? Evidence from the French retail industry », *QJE*, vol. 117, n° 4.

BESSONE A.-J. *et al.* [2008], « Emploi, chômage, population active :

un bilan des évolutions 2005-2007 », *PS*, n° 26.1, juin.

Beveridge W. [1944], *Full Employment in a Free Society*, Allen and Unwin, Londres.

BIT [2007], *Outils pour l'intégration de l'emploi et du travail décent*, BIT, Genève.

Blanchard O. [2004], « Peut-on éliminer le chômage en Europe ? », *RFE*, n° 4, avril.

Blanchard O. et Fitoussi J.-P. [1998], *Croissance et chômage*, Rapport du Conseil d'analyse économique, n° 4, La Documentation française, Paris.

Blanchard O. et Landier A. [2002], « The perverse effect of partial labor market reform : fixed-term contracts in France », *EJ*, n° 480.

Blanchard O. et Philippon T. [2004], « The quality of labor relations and unemployment », *NBER*, n° 10590, juin.

Blanchard O. et Summers L. [1988], « Beyond the natural rate hypothesis », *AER*, n° 2, mai.

Blanchard O. et Tirole J. [2003], *Protection de l'emploi et procédures de licenciement*, Rapport du Conseil d'analyse économique, n° 44, La Documentation française, Paris.

Blanchard O. et Wolfers J. [2000], « The role of shocks and institution in the rise of the European unemployment : the aggregate evidence », *EJ*, vol. 110, mars.

Boone J. et Van Ours J. [2004], « Effective active labor market policies », *CEPR Discussion Papers*, n° 4707.

Borjas G., Grogger J. et Hanson G. [2006], « Immigration and African-American opportunities : the responses of wages, employment and incarceration », *NBER*, n° 12518, septembre.

Boyer R. [2006], *La Flexicurité danoise : quels enseignements pour la France ?* CEPREMAP/Éditions Rue d'Ulm, Paris.

Bruno M. et Sachs J. [1985], *The Economics of Worldwide Stagflation*, Basic Books, New York.

Cahuc P. [1991], *Les Négociations salariales*, Economica, Paris.

— [2005], « L'évaluation de la RTT : un apport méthodologique pour un bilan incertain », *ES*, n° 376-377.

Cahuc P. et Debonneuil M. [2004], *Productivité et emploi dans le tertiaire*, Rapport au Conseil d'analyse économique, n° 49, La Documentation française, Paris.

Cahuc P. et Kramarz F. [2004], *De la précarité à la mobilité : vers une sécurité sociale professionnelle*, Rapport pour le ministre de l'Économie et pour le ministre du Travail, décembre.

Cahuc P. et Zylberberg A. [2004], *Le Chômage : fatalité ou nécessité ?* Flammarion, Paris.

Calmfors L. et Driffil J. [1988], « Bargaining structure, corporatism and macroeconomic performance », *Economic Policy*, n° 6, p. 14-61.

Card D. [1990], « The impact of the Mariel boatlift on the Miami labor market », *Industrial and Labor Relations Review*, vol. 43, n° 2, janvier.

— [2005], « Is the new immigration really so bad ? », *NBER*, n° 11547, août.

Card D. et Krueger A. [1995], *Myth and Measurement : the New Economics of the Minimum Wage*, Princeton University Press, Princeton.

Cardebat J.-M. [2002], *La Mondialisation et l'emploi*, La Découverte, « Repères », Paris.

Cediey E., Foroni F. et Garnier H. [2008], « Discrimination à l'embauche fondée sur l'origine à l'encontre des jeunes Français(e)s peu qualifié(e)s », *PS*, n° 6.3, février.

CEE (Centre d'étude de l'emploi) [2007], *La Qualité de l'emploi*, La Découverte, « Repères », Paris.

CERC (Conseil pour l'emploi, les revenus et la cohésion sociale) [2005], *Aider au retour à l'emploi*, La Documentation française, Paris.

Cette G. et Taddéi D. [1997], *Réduire la durée du travail*, Le Livre de poche, Paris.

Cézard M. [1986], « Le chômage et son halo », *ES*, n° 193-194.

Chardon O. et Goux D. [2003], « La nouvelle définition européenne du chômage », *ES*, n° 362.

Clark A., Diener E., Georgellis Y. et Lucas R. [2008], « Lags and leads in life satisfaction : a test of baseline hypothesis », *EJ*, vol. 118, juin.

CNIS (Conseil national de l'information statistique) [2008], *Rapport du groupe de travail sur la définition d'indicateurs en matière d'emploi, de chômage, de sous-emploi et de précarité*, n° 108, septembre.

COE (Conseil d'orientation de l'emploi) [2008], *Document de synthèse relatif aux causes du chômage*, COE, Paris.

Cohen D. et Dupas P. [2000], « Trajectoires comparées des chômeurs en France et aux États-Unis », *ES*, n° 2/3.

Crépon B., Dejemeppe M. et Gurgand M. [2005], « Un bilan de l'accompagnement des chômeurs », *CE*, n° 20, septembre.

Crépon B., Kramarz F. et Turpin E. [2002], « Employed at 40 hours, not employed at 39 : workweek reduction in France », *JPE*, vol. 110, p. 1355-1389.

Crépon B., Leclair M. et Roux S. [2005], « RTT, productivité et emploi : nouvelles estimations sur données d'entreprise », *ES*, n° 376-377.

DARES [2004], *Les Politiques de l'emploi et du marché du travail*, La Découverte, « Repères », Paris.

Debauche E., Deroyon T. et Jugnot S. [2008], « Quand les demandeurs d'emploi travaillent », *PS*, n° 09.3, février.

Delozier B. et Montout S. [2007], « Effets des nouvelles caractéristiques de la mondialisation sur les marchés du travail européens », *EP*, vol. 177, n° 1.

Demazière D. [1995], *La Sociologie du chômage*, La Découverte, « Repères », Paris.

Dolado J., Garcia C. et Jimineo J.F. [2002], « Drawing lessons from the boom of temporary jobs in Spain », *EJ*, vol. 112, n° 480, octobre.

Dormont B., Fougère D. et Prieto A. [2001], « L'effet de l'allocation unique dégressive sur la reprise d'emploi », *ES*, n° 343.

DUGUET E., L'HORTY Y. et SARI F. [2008], « Sortir du chômage en Île-de-France : disparités territoriales, spatial mismatch et ségrégation résidentielle », *Document de travail du CEE*, n° 97, avril.

DURIEUX B. et DU MESNIL DU BUISSON M.-A. (dir.) [2007], « Rapport sur les méthodes statistiques d'estimation du chômage », *Rapport IGF et IGAS*, septembre.

DUSTMAN C., GLITZ A. et FRATTINI T. [2008], « The labour market impact of immigration », à paraître dans *Oxford Review of Economic Policy*.

ELBAUM M. [2006], « La notion d'activation, une pluralité de sens peu utile pour l'action », *in* DANG A.-T., OUTIN J.-L. et ZAJDELA H. (dir.), *Travailler pour être intégré ?* Éditions du CNRS, Paris.

ERHEL C. [2009], *Les Politiques de l'emploi*, PUF, « Que sais-je ? », Paris.

ESPING-ANDERSEN G. [1999], *The Social Foundations of Postindustrial Economies*, Oxford University Press, Oxford.

EYMARD-DUVERNAY F. [2004], « L'encadrement juridique du licenciement mis en question par les économistes », *CE*, n° 6, août.

EYMARD-DUVERNAY F. et MARCHAL E. [1997], *Façons de recruter*, Métailié, Paris.

FONDEUR Y. et MINNI C. [2004], « L'emploi des jeunes au cœur des dynamiques du marché du travail », *ES*, n° 378-379.

FOUGÈRE D. [2000], « Accompagnement des chômeurs et sanctions : leurs effets sur le retour à l'emploi », *in* PISANI-FERRY J., « Plein emploi », *Rapport du Conseil d'analyse économique*, n° 30, La Documentation française, Paris.

FOUGÈRE D., KRAMARZ F. et POUGET J. [2008], « Youth unemployment and crime in France », *Journal of the European Economic Association*.

FOUGÈRE D. et MARGOLIS D. [2000], « Moduler les cotisations employeurs à l'assurance-chômage : les expériences de bonus-malus aux États-Unis », *RFE*, octobre.

FOUGÈRE D. et PFISTER C. [2006], « Réformes structurelles sur le marché du travail : que nous enseignent les études microéconomiques ? », *Bulletin de la Banque de France*, n° 151, juillet.

FREYSSINET J. [2004], *Le Chômage*, La Découverte, « Repères », Paris, 11e édition.

FRIEDMAN M. [1968], « The role of monetary policy », *AER*, vol. 58, mai.

GAUDRON A. [1998], « Commentaire », *in* MALINVAUD E., *Les Cotisation sociales à la charge des employeurs : analyse économique*, Rapport du Conseil d'analyse économique, n° 9.

GAUTIÉ J. [2002], « De l'invention du chômage à sa déconstruction », *Genèses*, n° 46, mars.

— [2004], « Les marchés internes du travail, l'emploi et les salaires », *RFE*, vol. XVIII, n° 4, avril.

— [2005], « Maintenir les seniors en emploi », *CE*, nº 15, avril.

Geerdsen L. [2006], « Is there a threat effect of labour market programmes ? A study of ALMP in the Danish UI System », *EJ*, vol. 116, nº 513.

Georges N. [2007], « Profiler les chômeurs ? », *CE*, nº 44, juillet.

Glyn A. [2005], « Employment in distribution, productivity and the growth of consumption », *in* Marx I. et Salverda W. (dir.), *Low Wage Employment in Europe*, Acco, Leuven.

Gonzales-Demichel C. et Nauze-Fichet E. [2003], « Les contours de la population active : aux frontières de l'emploi, du chômage et de l'inactivité », *ES*, nº 362.

Goux D. [2003], « Une histoire de l'enquête Emploi », *ES*, nº 362.

Goux D. et Maurin E. [1997], « Le déclin de la demande de travail non qualifié. Une méthode d'analyse empirique et son application au cas de la France », *RE*, nº 5.

Grangeas G. et Lepage J.-M. [1993], *Économie de l'emploi*, PUF, Paris.

Granovetter M. [1974], *Getting a Job : A Study of Contacts and Careers*, Harvard University Press, Cambridge.

Gratadour C. et Mansuy M. [2006], « Service public et sous-traitance : la France au regard des expériences australiennes, britanniques et néerlandaises », *TE*, nº 108, octobre-décembre.

Gruber J. [1997], « The consumption smoothing benefits of unemployment insurance », *AER*, vol. 87, nº 1.

Guillemot D., Pétour P. et Zajdela H. [2002], « Trappe à chômage ou trappe à pauvreté : quel sort des allocataires du RMI ? », *RE*, nº 6, novembre.

Guimbert S. et Levy-Bruhl F. [2002], « La situation de l'emploi en France face aux échanges internationaux », *EP*, nº 152-153, janvier-mars.

Gurgand M. et Margolis D. [2001], « RMI et revenus du travail : une évaluation des gains financiers à l'emploi », *ES*, nº 346-347.

Heckman J. [2000], « Policies to foster human capital », *Research in Economics*, vol. 54, nº 1, mars.

— [2007] « Comments on "Are protective labor market institutions at the root of unemployment ? A critical review of evidence" », *Capitalism and Society*, vol. 2, nº 1.

Herman G. (dir.) [2007], *Travail, chômage et stigmatisation*, De Boeck, Bruxelles.

Hoang-Ngoc L. [2007], *Le Fabuleux Destin de la courbe de Phillips*, Le Septentrion, Paris.

Howell D., Baker D., Glyn A. et Schmitt J. [2007] « Are protective labor market institutions at the root of unemployment ? A critical review of evidence », *Capitalism and Society*, vol. 2, nº 1.

Hunt J. [1992], « The impact of the 1962 repatriates from Algeria on the French labor market », *Industrial and Labor Relations Review*, vol. 45, p. 556-572.

— [1999], « Has work sharing worked in Germany ? », *QJE*, vol. 114, p. 117-148.

IRES [2008], « Indemnisation du chômage : débats sur les réformes »/*Chroniques internationales de l'IRES*, n° 115, novembre.

Keynes J.-M. [1969], *Théorie générale de l'emploi, de l'intérêt et de la monnaie*, Payot, « La Petite Bibliothèque Payot », Paris (édition originale, 1936).

Kramarz F. et Philippon T. [2001], « The impact of differential payroll tax subsidies on minimum wage employment », *Journal of Public Economics*, vol. 82, p. 115-146.

Krugman P. [1995], « L'Europe sans emploi, l'Amérique sans le sou ? », *Futuribles*, n° 201, septembre.

Kugler A., Jimino J.F. et Hernanz V. [2003] « Employment consequences of restrictive permanent contracts : evidence from Spanish labor market reforms », *CEPR*, n° 3724, avril.

Kugler A. et Pica G. [2005], « Effects of employment protection on workers and job flows : evidence from the 1990 Italian reform », *CEPR*, n° 5256, avril.

Laroque G. et Salanié B. [2000], « Prélèvements et transferts sociaux : une analyse descriptive des incitations financières à l'emploi », *ES*, n° 328.

Layard R., Nickell S. et Jackman R. [1991], *Unemployment. Macroeconomic Performance and the Labour Market*, Oxford University Press, Oxford.

Lazarsfeld P., Jahoda M. et Zeisel H. [1981], *Les Chômeurs de Marienthal*, Minuit, Paris (1re édition, 1932).

Lhommeau B. et Rémy V. [2008], « Les politiques d'allègements ont-elles un effet sur la mobilité salariale des travailleurs à bas salaires ? », *Document de travail de la DARES*, n° 134, janvier.

L'Horty Y. [2000], « Quand les hausses du SMIC réduisent le coût du travail », *RE*, n° 3.

— [2005], « Chômage structurel : de la théorie aux données », TE, n° 101, janvier.

— [2006], *Les Nouvelles Politiques de l'emploi*, La Découverte, « Repères », Paris.

Lindbeck A. et Snower D. [1988], *The Insider Outsider Theory of Employment and Unemployment*, MIT Press, Cambridge.

Malinvaud E. [1980], *Réexamen de la théorie du chômage*, Calmann-Lévy, Paris.

— [2003], « Réformes structurelles du marché du travail et politiques macroéconomiques », *OFCE*, n° 86.

Manning A. (2003), *Monopsony in Motion : Imperfect Competition in Labor Markets*, Princeton University Press, Princeton.

Marchal E. et Rieucau G. [2005], « Candidat de plus de 40 ans, non diplômé ou débutant s'abstenir », *CE*, n° 11, janvier.

Marchand O., Rault D. et Turpin E. [1983], « Des 40 heures aux 39 heures, processus et réactions des entreprises », *ES*, n° 154, avril.

MARTIN J. et GRUBB D. [2001], « A review of OECD countries' experiences with active labour market policies », *Swedish Economic Policy Review*, vol. 8, nº 2.

MESRINE A. [2000] « La surmortalité des chômeurs : un effet catalyseur du chômage ? », *ES*, nº 334.

METCALF D. [2007], « Why has the British national minimum wage had little or no impact on employment ? », *CEP Discussion Paper*, nº 781, avril.

MORTENSEN D. [1970], « A theory of wage and employment dynamics », *in* PHELPS E. (dir.) [1970], *Microeconomic Foundations of Employment and Inflation Theory*, W.W. Norton, New York.

NAUZE-FICHET E. [2002], « Projections de population active en 2050 : l'essoufflement des ressources en main-d'œuvre », *ES*, nº 355-356.

NEUMARK D. et WASCHER W. [2006], « Minimum wages and employment : a review of evidence from the new minimum wage research », *NBER*, nº 12663, novembre.

NICKELL S. [1997], « Unemployment and the labor market rigidities : Europe *versus* North America », *JEP*, vol. 11, nº 3, p. 55-74.

NICKELL S. et LAYARD R [1999], « Labor market institutions and economic performance », *in* ASHENFELTER O. et CARD D. (dir.), *Handbook of Labor Economics*, vol. 3, chapitre 46, Elsevier, Amsterdam.

NICKELL S., NUZIATA L. et OCHEL J. [2005], « The role of shocks and institution in the rise of the European unemployment : the aggregate evidence », *EJ*, vol. 110, mars.

OCDE [1994], *L'Étude sur l'emploi*, OCDE, Paris.

— [2004], « Réglementation relative à la protection de l'emploi et performance du marché du travail », *Perspectives de l'emploi de l'OCDE*, OCDE, Paris, chapitre 2.

— [2006], *Perspectives de l'emploi de l'OCDE*, OCDE, Paris, juillet.

— [2007], *Perspectives de l'emploi de l'OCDE*, OCDE, Paris, juillet.

— [2008], *Perspectives de l'emploi de l'OCDE*, OCDE, Paris, juillet.

ORZAG M. et SNOWER D. [1999], « Anatomy of policy complementarities », *IZA*, nº 41, mai.

OUTIN J.-L. [2008], « RMI et indemnisation du chômage », *in* LELIÈVRE M. et NAUZE-FICHET E. (dir.), *RMI, état des lieux, 1988-2008*, La Découverte, « Recherches », Paris.

PERROT A. [1991], *Les Nouvelles Théories du marché du travail*, La Découverte, « Repères », Paris.

PHELPS E. [1967], « Phillips curves, expectations of inflation and optimal unemployment over time », *Economica*, vol. 34, août.

— (dir.) [1970], *Microeconomic Foundations of Employment and Inflation Theory*, W.W. Norton, New York.

PHILIPPON T. [2007], *Le Capitalisme d'héritiers*, Seuil, « La République des idées », Paris.

Phillips A. [1958], « The relation between inflation and the rate of change of the money wage rates in UK », *Economica*, novembre.

Piketty T. [1999], « L'emploi dans les services en France et aux États-Unis : une analyse structurelle sur longue période », *ES*, n° 318.

Pissarides C. [1990], *Equilibrium Unemployment Theory*, MIT Press, Cambridge (2e édition, 2000).

Ponthieux S.L. et Raynaud E. [2007], « Les travailleurs pauvres », *in* ONPES, *Les Travaux de l'Observatoire national de la pauvreté et de l'exclusion sociale, 2007-2008*, La Documentation française, Paris.

Poujouly C. et Klein D. [2008], « Demande d'emploi et marché du travail : la situation des départements », *L'Essentiel*, Observatoire de l'ANPE, n° 19, juin.

Pucci M. et Valentin J. [2008], « Flexibiliser l'emploi pour réduire le chômage : une évidence scientifique ? », *CE*, n° 50, janvier.

Rémy V. [2006], « Les politiques d'allègement des cotisations sociales employeurs », *TE*, n° 105, janvier-mars.

Renne J.-P. [2007], « Quelles sont les parts cycliques et conjoncturelles du chômage en France ? », *EP*, vol. 177, n° 1.

Rodrik D. [1997], *Has Globalization Gone too Far ?* Institute for International Economics, Washington, D.C.

Roguet B. [2008], « Le coût de la politique de l'emploi en 2006 », *PS*, n° 30.1, juillet.

Rueff J. [1931], « L'assurance-chômage : cause du chômage permanent », *Revue d'économie politique*, n° 45, mars-avril.

Saint-Paul G. [2000], *The Political Economy of Labour Market Institutions*, Oxford University Press, Oxford.

Salais R. [1975], « Le chômage, un phénomène de file d'attente », *ES*, n° 69.

Salais R., Baverez N. et Reynaud B. [1986], *L'Invention du chômage*, PUF, Paris.

Salop S. [1979], « A model of the natural rate of unemployment », *AER*, vol. 69, mars.

Sauvy A. [1980], *La Machine et le chômage*, Dunod, Paris.

Shapiro C. et Stiglitz J. [1984], « Equilibrium unemployment as a worker discipline device », *AER*, vol. 74, n° 3.

Sianesi B. [2008], « Differential effects of active labour market programs for the unemployed », *Labour Economics*, vol. 15, n° 3, juin.

Sneessens H.R. et Shadman-Mehta F. [1995], « Real wages, skill mismatch and unemployment persistence, France, 1962-1989 », *Annales d'économie et de statistique*, n° 37-38, janvier-juin.

Stancanelli E. [2008], « Evaluating the impact of the French tax credit on the employment rate of women », *Journal of Public Economics*, vol. 92, n° 10-11.

Sterdyniak H. [2000], « Économétrie de la misère et misère de l'économétrie », *OFCE*, n° 75.

Stiglitz J. [2003], *Quand le capitalisme perd la tête*, Fayard, Paris.

Terfous N. [2006], « Mondialisation et marchés du travail dans les pays développés », *EP*, vol. 172, n° 1.

Thélot H. [2008], « Aux frontières du chômage et de l'inactivité », *Insee Première*, n° 1207, août.

Tobin J. [1997], « Supply constraints on employment and output : NAIRU *versus* natural rate », *Cowles Foundation Discussion Paper*, vol. 1150, n° 4.

Topalov C. [1994], *Naissance du chômeur, 1880-1910*, Albin Michel, Paris.

Weiss A. [1980], « Job queues and layoffs in labor markets with flexible wages », *JPE*, vol. 88, juin.

Table des matières

II La macroéconomie du chômage

III Les performances nationales en termes de chômage : quel rôle des institutions du marché du travail ?

Collection

R E P È R E S

créée par
Michel Freyssenet et Olivier Pastré (en 1983),
dirigée par
Jean-Paul Piriou (de 1987 à 2004), *puis par* Pascal Combemale,
avec Stéphane Beaud, André Cartapanis, Bernard Colasse, Françoise Dreyfus, Claire Lemercier, Yannick L'Horty, Philippe Lorino, Dominique Merllié, Michel Rainelli, Philippe Riutort et Claire Zalc.

Le catalogue complet de la collection « Repères » est disponible sur notre site **http://www.collectionreperes.com**

GRANDS REPÈRES

Classiques

R E P È R E S

La formation du couple. *Textes essentiels pour la sociologie de la famille*, Michel Bozon et François Héran.

Invitation à la sociologie, Peter L. Berger.

Un sociologue à l'usine. *Textes essentiels pour la sociologie du travail*, Donald Roy.

Dictionnaires

R E P È R E S

Dictionnaire de gestion, Élie Cohen.

Dictionnaire d'analyse économique, *microéconomie, macroéconomie, théorie des jeux, etc.*, Bernard Guerrien.

Lexique de sciences économiques et sociales, Denis Clerc et Jean-Paul Piriou.

Guides

R E P È R E S

L'art de la thèse. *Comment préparer et rédiger un mémoire de master, une thèse de doctorat ou tout autre travail universitaire à l'ère du Net*, Michel Beaud.

Comment parler de la société. *Artistes, écrivains, chercheurs et représentations sociales*, Howard S. Becker.

Comment se fait l'histoire. *Pratiques et enjeux*, François Cadiou, Clarisse Coulomb, Anne Lemonde et Yves Santamaria.

La comparaison dans les sciences sociales. *Pratiques et méthodes*, Cécile Vigour.

Enquêter sur le travail. *Concepts, méthodes, récits*, Christelle Avril, Marie Cartier et Delphine Serre.

Faire de la sociologie. *Les grandes enquêtes françaises depuis 1945*, Philippe Masson.

Les ficelles du métier. *Comment conduire sa recherche en sciences sociales*, Howard S. Becker.

Le goût de l'observation. *Comprendre et pratiquer l'observation participante en sciences sociales*, Jean Peneff.

Guide de l'enquête de terrain, Stéphane Beaud et Florence Weber.

Guide des méthodes de l'archéologie, Jean-Paul Demoule, François Giligny, Anne Lehoërff et Alain Schnapp.

Guide du stage en entreprise, Michel Villette.

Manuel de journalisme. *Écrire pour le journal*, Yves Agnès.

Voir, comprendre, analyser les images, Laurent Gervereau.

Manuels

R E P È R E S

Analyse macroéconomique 1.

Analyse macroéconomique 2. 17 auteurs sous la direction de Jean-Olivier Hairault.

Consommation et modes de vie en France. *Une approche économique et sociologique sur un demi-siècle*, Nicolas Herpin et Daniel Verger.

Déchiffrer la société française, Louis Maurin.

Déchiffrer l'économie, Denis Clerc.

L'explosion de la communication. *Introduction aux théories et aux pratiques de la communication*, Philippe Breton et Serge Proulx.

Une histoire de la comptabilité nationale, André Vanoli.

Histoire de la psychologie en France. XIXe-XXe siècles, Jacqueline Carroy, Annick Ohayon et Régine Plas.

Macroéconomie financière, Michel Aglietta.

La mondialisation de l'économie. *Genèse et problèmes*, Jacques Adda.

La théorie économique néoclassique. *Microéconomie, macroéconomie et théorie des jeux*, Emmanuelle Bénicourt et Bernard Guerrien.

Composition Facompo, Lisieux (Calvados).
Achevé d'imprimer sur les presses de l'imprimerie
Europe Media Duplication à Lassay-les-Châteaux (Mayenne)
Dépôt légal du 1er tirage : mars 2009
Suite du 1er tirage (2) : mars 2011
N° de dossier : 24696

Imprimé en France